IULIIA MENDEL

Le Combat de nos vies

Mes années avec Zelensky
La bataille de l'Ukraine pour la démocratie

Ouvrage original publié aux États-Unis
par One Signal Publishers / ATRIA
An Imprint of Simon & Schuster, Inc.
1230 Avenue of the Americas
New York, NY 10020
sous le titre *The Fight of our Lives*

Édition française publiée par
TALENT ÉDITIONS
115 rue de l'Abbé Groult, 75015 Paris

Photos de couverture : © Aris Messinis /
AFP, © Ronaldo Schemidt / AFP, (c) Ukrainian Presidency /
Handout / ANADOLU AGENCY /
Anadolu Agency via AFP, © NurPhoto / NurPhoto via AFP

ISBN : 978-2-37815-273-4

IULIIA MENDEL

Le Combat de nos vies

Mes années avec Zelensky
La bataille de l'Ukraine pour la démocratie

Traduit de l'anglais (États-Unis)
par Yannick Brolles

Talent Éditions

TABLE DES MATIÈRES

Devant le tribunal de Dieu, nous lui
demanderons : pourquoi as-tu permis tout cela ?
et il nous répondra en écho :
pourquoi as-tu permis tout cela ?

— ILYA KAMINSKY, *RÉPUBLIQUE SOURDE*

CHRONOLOGIE ABRÉGÉE DE L'UKRAINE MODERNE INDÉPENDANTE

1990 : Révolution de Granite, considérée comme la première grande manifestation politique en Ukraine contre son maintien au sein de l'Union des républiques socialistes soviétiques (URSS), l'État unitaire communiste dominé par la Russie, né après la révolution russe de 1917, et auquel avait été rattachée l'Ukraine.

24 août 1991 : Dislocation de l'URSS. Proclamation d'indépendance de l'Ukraine, confirmée le 1er décembre par référendum populaire.

Juin-juillet 1994 : Première élection présidentielle du nouveau gouvernement ukrainien. L'ancien Premier ministre Leonid Koutchma bat Leonid Kravtchouk, le Président sortant. Première passation de pouvoir politique pacifique en Ukraine indépendante.

5 décembre 1994 : Signature du mémorandum de Budapest relatif aux garanties de sécurité. Le mémorandum interdisait à la Fédération de Russie, au Royaume-Uni et aux États-Unis d'Amérique de menacer ou de recourir à la force militaire ou à la coercition économique à l'encontre de l'Ukraine, de la Biélorussie et du Kazakhstan, « sauf en cas de légitime défense ou pas conformément à la Charte des Nations unies ».

1996 : Ratification de la Constitution ukrainienne et adoption de la hryvnia[1] (UAH) comme devise de l'Ukraine.

2004–2005 : Révolution orange. Les Ukrainiens organisent d'immenses manifestations pour dénoncer la corruption et la fraude électorale constatée pendant l'élection présidentielle.

2013–2014 : Révolution de la Dignité. Les Ukrainiens manifestent de nouveau contre la corruption et le refus de leur Président Viktor Ianoukovytch de signer un accord de libre-échange avec l'Union européenne, exigeant que l'Ukraine rejoigne l'Union européenne et prenne sa place au sein de l'Europe. Ils rejettent les pressions russes en faveur du renforcement des relations avec la Fédération russe. Ianoukovytch est destitué et s'exile en Russie.

Février-mars 2014 : Annexion de la péninsule ukrainienne de Crimée par la Russie.

Avril 2014 : Début de l'invasion militaire russe du Donbass (et des deux régions de Donetsk et Louhansk[2]) qui se traduit par l'occupation par la Russie d'une partie de ces régions.

1. Prononciation « Grivnia » (NDT).

2. Prononciation « Lougansk » (NDT).

Juin 2014 : Création du groupe « Format Normandie » en vue de négocier un traité de paix pour mettre fin au conflit auquel participent les dirigeants de l'Ukraine, la France, l'Allemagne et de la Russie qui se réunirent pour la première fois pendant la commémoration du soixante-dixième anniversaire du débarquement allié en Normandie. Cinq sommets ont été organisés entre 2014 et 2016.

8 juin 2014 : Création du Groupe de contact trilatéral sur l'Ukraine, un groupe de représentants de l'Ukraine, de la Russie et de l'Organisation pour la Sécurité et la Coopération en Europe, mis en place pour trouver une résolution diplomatique au conflit au Donbass, une région de l'Ukraine.

Septembre 2014 : Le protocole de Minsk réduit de façon significative les affrontements dans la zone de conflit du Donbass. Les négociations pour parvenir à cet accord se sont tenues à Minsk, la capitale de la Biélorussie.

Février 2015 : La Russie signe le paquet de mesures pour la mise en œuvre des accords de Minsk, communément appelés Minsk II, mais elle ne les a jamais appliqués.

2016–2019 : Négociations Format Normandie mises en sommeil pendant trois ans.

Décembre 2019 : Dernier sommet Normandie complet auquel participent les Présidents de l'Ukraine, de la France, de la Russie et la chancelière allemande. Un autre sommet a été organisé à Paris, en avril 2021, auquel le Président russe refusa de participer.

Avril 2021 : La Russie commence à acheminer des troupes le long des frontières de l'Ukraine, entre 150 000 à 200 000 soldats, selon les estimations, à l'est, au sud et au nord de l'Ukraine, et même le long de la frontière de la Biélorussie limitrophe de l'Ukraine au nord.

21 février 2022 : La Russie reconnaît la soi-disant République populaire de Donetsk et la République populaire de Louhansk, deux mini-États autoproclamés au Donbass contrôlés par des séparatistes prorusses.

24 février 2022 : Invasion de l'Ukraine par la Russie. Lancement d'une offensive concertée depuis la Russie, la Biélorussie et les deux territoires ukrainiens occupés (la Crimée et le Donbass). Ouverture de quatre fronts : Kyiv, nord-est de l'Ukraine, est de l'Ukraine et sud de l'Ukraine. Les missiles russes frappent plusieurs villes ukrainiennes. Les avions russes larguent leurs bombes sur les infrastructures militaires et les aéroports, mais aussi sur des cibles civiles. L'artillerie et les véhicules blindés bombardent des infrastructures civiles, notamment des hôpitaux, des écoles, des restaurants, des grandes surfaces et des habitations, tuant plusieurs milliers d'Ukrainiens. L'invasion a provoqué le plus grand exode de réfugiés en Europe depuis la Seconde Guerre mondiale, environ six millions d'Ukrainiens quittent le pays et on compte au moins sept autres millions de déplacés sur le territoire ukrainien.

QUELQUES MOTS DE L'AUTEURE

L'Ukraine possède une très longue histoire. Ses terres sont habitées depuis les temps préhistoriques. Les racines européennes des Ukrainiens ont plus de mille ans, elles remontent jusqu'à un peuplement établi à l'emplacement sur lequel se dresse aujourd'hui Kyiv[3]. De ce premier peuplement est né un grand État médiéval, entré dans l'histoire sous le nom de Rus' de Kiyv.

Au fil des siècles, le vaste territoire de l'Ukraine avec ses riches terres arables, ses steppes, ses littoraux et ses forêts a résisté à des incursions venues de la terre et de la mer et de presque tous les points cardinaux. Il a subi et survécu au règne temporaire de tous ces envahisseurs. Beaucoup d'entre eux tentèrent d'annihiler et de soumettre notre peuple. Tous ces empires ont disparu depuis longtemps, mais nous en conservons les traces dans la singularité de notre culture ukrainienne et dans notre identité. Par notre histoire nous sommes une nation européenne, multiethnique et multiconfessionnelle et nous en sommes fiers.

3. Prononciation « Ki-Ive » (NDT).

Nous sommes un peuple fier, doté d'une volonté immuable de rester un pays libre et indépendant. Un peuple uni par notre désir de choisir notre avenir et de devenir une nation démocratique. Un avenir né en 1991, l'année où l'Ukraine proclama son indépendance de l'Union des républiques soviétique socialistes (URSS), la confédération dominée par la Russie se désagrégeait, et à partir de laquelle nous nous sommes audacieusement engagés sur une nouvelle voie. C'est là que commence mon histoire – et l'histoire de l'Ukraine indépendante. Nous luttons en ce moment contre un nouvel envahisseur sans foi ni loi. Notre existence est menacée, mais notre volonté de rester libre ne s'éteindra jamais.

PRÉFACE

« J'ai besoin de munitions, pas d'un taxi »

KIYV, 24 FÉVRIER 2022

J'ai été réveillée par les bruits des explosions et des sirènes d'alarme. Avec mon fiancé, Pavlo, conseiller du ministre de l'Énergie, nous savions que c'était pour aujourd'hui. La veille au soir, notre ami Anton Gerashchenko, le conseiller du ministre de l'Intérieur, nous avait prévenus que les Russes déclencheraient leur invasion dans la matinée. Dans moins de vingt-quatre heures, selon Anton. Il avait raison.

J'ai senti mon estomac se nouer et mon cerveau s'embrumer. Le premier choc passé, l'adrénaline a pris le dessus et je me suis immédiatement connectée à Internet pour avoir des informations sur ce qui se passait. J'y ai vu que « l'opération spéciale pour dénazifier l'Ukraine » de Vladimir Poutine avait commencé à 4 heures, à la même heure que celle des Allemands qui avaient envahi l'Ukraine le 22 juin 1941, pendant la Seconde Guerre mondiale. Ma mère m'a appelée à 5 heures. Elle ne pouvait pas y croire. Elle m'a dit qu'elle entendait des explosions autour de Kherson[4], la ville dans laquelle j'ai grandi et dans laquelle mes parents habitent encore, qui se trouve à environ 600 kilomètres au sud de Kiyv, à quelques encablures de la mer Noire et de la mer d'Azov. D'autres membres de ma famille, avec lesquels j'ai pu m'entretenir, m'ont fait le même récit. À 6 heures, lorsque Poutine se présenta devant les caméras de télévision pour confirmer officiellement l'invasion, les chars d'assaut avançaient déjà dans l'est de l'Ukraine. Les avions de guerre russes bombardaient des dépôts, des infrastructures et même des habitations civiles dans seize régions du pays.

J'ai allumé la télévision. Russia-24, Ukraine 24, CNN et d'autres médias en ligne comme Ukayinska Pravda ne parlaient tous que des offensives lancées contre notre pays, à l'est, au sud, au nord, au centre et même à l'ouest. Les médias russes déversaient des tombereaux de propagande pour justifier la brutale et cynique invasion russe. Les forces russes bombardaient tous azimuts. En voyant toute la désinformation propagée par les médias russes, je me

4. Prononciation « Rersone » (NDT).

suis mise à tweeter pour faire un compte-rendu objectif des événements. Des journalistes ont commencé à m'appeler aux alentours de midi. J'ai donné interview après interview aux médias de nombreux pays. Beaucoup avaient mes coordonnées parce que nous avions été en relation lorsque j'étais l'attachée de presse du Président ukrainien, une fonction que j'avais quittée il y a moins d'un an.

Mon cerveau refusait toujours d'accepter cette nouvelle réalité, même s'il enregistrait parfaitement le bruit des explosions et des sirènes antiaériennes. Pavlo et moi avions préparé des sacs de survie dans la crainte de cet instant mais nous n'avions pas pris la peine de chercher l'emplacement des bâtiments transformés en abris antiaériens dans notre quartier. Les autorités locales nous avaient donné, quelques semaines auparavant, une carte sur laquelle figuraient les emplacements de ces abris, mais nous n'avions pas pu convaincre nos cerveaux que nous aurions besoin de les utiliser.

Notre petit studio se trouvait dans la zone boisée au sud de la ville, dans un quartier étudiant constitué de grands blocs d'immeubles résidentiels. Dehors, à travers nos fenêtres, nous avions vue sur le parc et sur l'autoroute sur laquelle un bouchon commença à se former presque immédiatement. La population fuyait la ville en toute hâte. Nous décidâmes de rester un peu plus longtemps et de mettre à profit ce laps de temps pour faire le plein du réservoir de notre voiture et vérifier que nous avions bien mis dans nos sacs tous les habits et les médicaments dont nous aurions besoin. Nous ne pouvions rien avaler, mais nous nous forçâmes à boire de l'eau. Nous avions les nerfs à fleur de peau.

Le lendemain matin, après une nuit agitée, je fus de nouveau réveillée par les explosions. Je me suis redressée d'un bond en hurlant : « Debout ! On part ! On part ! » Elles étaient assourdissantes à présent. Nous avions l'impression que les missiles allaient entrer par la fenêtre de notre appartement. Les combats paraissaient beaucoup plus proches que la veille et, par la fenêtre, nous vîmes, une fois de plus, la longue file de voitures en train de quitter la ville. C'est à cet instant que Pavlo et moi avons décidé qu'il était temps, pour nous, de quitter Kiyv et de rejoindre la ville de Lviv, à l'ouest de l'Ukraine.

Nous avons pris nos deux chats, Maroussia et Hooligan, sous le bras et nous avons rejoint la longue file de voitures qui quittaient la ville. Le trafic était très lent. Les voitures s'arrêtèrent à environ 90 kilomètres de Lviv pour, nous a-t-on dit, laisser la priorité aux convois acheminant le matériel militaire. La plupart des stations d'essence devant lesquelles nous sommes passés étaient en rupture de carburant. Nous avons également dû passer par un très grand nombre de check-points. À un moment, nous avons décidé de quitter la route principale pour emprunter des petites routes de campagne. Nous sommes enfin parvenus à destination quarante heures plus tard – un trajet qui, en temps normal, s'effectue en cinq à sept heures. Nous avions pris des dispositions pour séjourner à Lviv dans un appartement avec des amis. Le lendemain, nous sommes descendus faire un tour dans la ville pour voir si celle-ci n'avait pas trop souffert. Les rues étaient presque désertes. Nous n'y avons croisé que les personnes qui faisaient la queue devant les bureaux de recrutement de l'armée et celles qui faisaient des provisions en prévision de la guerre qui s'annonçait.

Ce soir-là, Pavlo avait plusieurs surprises. Il m'a d'abord annoncé son intention de s'engager. Je me suis mise à pleurer. J'admirais son courage et je ne l'en aimais que plus. J'ai compris qu'il avait attendu de me mettre à l'abri à Lviv avant de me faire part de ses projets et de ce qu'il considérait être son devoir. Il a ensuite sorti une bague de sa poche et m'a demandé si j'acceptais de devenir sa femme. J'ai ressenti tellement d'émotions en même temps. Mais ma première pensée était que cette guerre devait prendre fin. Nous avions désormais des projets.

Mais d'abord, nous devions essayer d'aider notre pays par tous les moyens. J'ai donné plusieurs interviews par jour à des organes de presse du monde entier, dans lesquelles j'essayais de décrire de la façon la plus précise possible ce qui se passait en Ukraine. Je devais, surtout, combattre la campagne de désinformation mise en place par nos envahisseurs, la Fédération de Russie et ses sympathisants. Pavlo n'a pas pu rejoindre l'armée tout de suite. Il a rejoint les volontaires qui aidaient à distribuer l'aide humanitaire.

Pour beaucoup de nos compatriotes ukrainiens, c'était la deuxième fois qu'ils devaient abandonner leur foyer pour fuir une zone de guerre. En 2014, la Russie avait, du jour au lendemain, en toute impunité, annexé toute la péninsule ukrainienne de Crimée et occupé une partie de l'est de l'Ukraine, dans la région du Donbass. Les soldats et les volontaires ukrainiens leur faisaient face pour défendre le Donbass, un conflit qui fit environ 14 000 victimes, chassa de chez eux des millions d'Ukrainiens et les transforma, en à peine quelques heures, en une multitude de réfugiés domestiques. Et, cette fois, Pavlo et moi partagions le sort de ces nouveaux millions de déplacés, chassés de chez eux, en fuite vers l'ouest de l'Europe.

L'existence même de notre nation était soudain en péril. Les Russes bombardaient la capitale de notre nation. Grâce aux plus de 150 000 soldats acheminés le long des frontières de l'Ukraine au cours des dix derniers mois, l'armée russe encerclait mon pays au sud, à l'est et au nord. Elle avait également mobilisé des soldats stationnés en Biélorussie, un pays limitrophe.

Nous n'arrivions tout simplement pas à l'admettre. Nos cerveaux tournaient à plein régime pour essayer de comprendre ce qui se passait autour de nous. Nous savions que la Russie se préparait à nous envahir et pourtant, nous n'arrivions pas à accepter cette réalité. Nous savions qu'ils rassemblaient des troupes de l'autre côté de la frontière. Les États-Unis nous avaient transmis énormément d'informations indiquant une invasion imminente et, pourtant, pour la majorité des Ukrainiens, tout ceci était impensable. Moins d'un mois auparavant, le 28 janvier 2022, le Président Zelensky avait tenu une conférence de presse au cours de laquelle il avait enjoint la population à ne pas céder à la panique et de continuer à travailler pour aider notre pays à sortir du ralentissement économique provoqué par le COVID-19. Les membres des services de renseignement ukrainiens avaient envisagé de nombreux scénarios, mais une invasion de grande envergure, comme celle qui se déroulait sous nos yeux, n'avait jamais été sérieusement envisagée. L'armée avait fait des manœuvres et était prête au combat. Les autorités locales avaient installé des abris antiaériens. Mais la population avait reçu peu de consignes à propos de ce qu'elle devrait faire au cas où nous subirions réellement une invasion russe.

Au milieu de ces préparatifs, les services de renseignements de l'armée américaine avaient appris que les Russes prévoyaient d'encercler Kiyv, d'assassiner Zelensky et d'instaurer un régime fantoche. Ils lui ont proposé de l'exfiltrer d'Ukraine. Mais lorsque j'ai eu vent de cette information, je savais qu'il n'accepterait jamais de fuir le pays.

J'avais pu voir son courage lorsque je l'avais accompagné pendant ses visites aux soldats déployés sur le front dans le Donbass pendant le conflit qui s'y déroulait. Il insistait pour se rendre sur les positions les plus avancées et les plus dangereuses, pour discuter avec les soldats et leur serrer la main malgré les tirs d'artillerie qui tombaient tout près. Pendant une de ces visites, il a emmené la Présidente de la Confédération suisse jusqu'à un pont de l'autre côté duquel se tenaient des séparatistes armés soutenus par les Russes. Je n'ai donc pas été surprise lorsque j'ai entendu sa réponse désormais devenue célèbre à la proposition des États-Unis après l'invasion : « La guerre est ici. J'ai besoin de munitions, pas d'un taxi. » La réponse a fait le tour du monde. Elle galvanisa les Ukrainiens et lui a valu l'admiration du monde entier.

Le 25 février, le lendemain du déclenchement de l'invasion, alors que les Russes avaient déjà pénétré dans la ville de Kiyv, Zelensky posta une vidéo de lui, entouré des principaux dirigeants ukrainiens, debout dans une rue du centre-ville de Kiyv comme s'il s'agissait de l'endroit le plus sûr du monde :

> *Bonsoir tout le monde. Le leader du parti présidentiel est ici. Le chef de cabinet du Président est ici. Le Premier ministre [Denys] Shmyhal est ici. [Mykhailo] Podoliak [conseiller du chef de cabinet du Président] est ici.*

Le Président est ici. Nous sommes tous ici. Le personnel administratif est ici. Nos concitoyens sont ici. Nous sommes tous ici pour défendre notre indépendance et notre pays. Nous ne bougerons pas d'ici. Gloire aux héros ! Gloire à l'Ukraine !

La popularité du Président Zelensky qui était en berne, grimpa en flèche dès le début du conflit. Il n'avait peut-être pas toujours été un chef d'État parfait. Il avait eu du mal à trouver le soutien nécessaire à ses réformes, à gérer ses collaborateurs et à naviguer entre les écueils de la politique partisane. Mais au milieu du chaos provoqué par la guerre, il a su exactement quoi faire. Il a endossé le rôle de protecteur de la nation. Il nous a redonné le moral et a calmé nos nerfs. Il a rallié derrière lui l'armée, le peuple ukrainien et tous ceux qui étaient révoltés par l'inhumaine et terrifiante agression russe.

Au cours de ces journées périlleuses et pendant les longues semaines de guerre, Zelensky s'est entretenu avec presque tous les dirigeants du monde. Il s'est également exprimé devant des parlements sur presque tous les continents de la planète, devant lesquels il a affiché une clarté morale rarement observée depuis la Seconde Guerre mondiale. « Nous exigeons une réponse. La réponse du monde. La réponse à la terreur », a-t-il déclaré devant le Congrès américain. Il a eu des accents churchilliens devant le parlement britannique : « Nous ne capitulerons pas et nous ne perdrons pas. » Ses paroles et ses actes lui ont valu l'admiration et le soutien, de ses compatriotes mais aussi des peuples du monde entier. Ceux qui, par le passé, avaient dédaigné Zelensky, furent stupéfaits de voir cet ancien humoriste de l'ère postsoviétique, le Président du pays le plus pauvre d'Europe, devenir soudain le visage de la démocratie et le phare de liberté dans le monde.

La femme de Zelensky, Olena, a su, elle aussi, rallier le pays derrière elle. Elle est restée en Ukraine, elle aussi, avec leurs deux enfants, âgés de dix-sept et neuf ans, dans un lieu différent, pense-t-on, gardé secret. Elle ne communiqua avec son mari que par téléphone pendant les premiers mois du conflit. Depuis le début de l'invasion, elle a utilisé son influence pour aider ses compatriotes, en postant sur Internet des messages de soutien et en demandant de l'aide pour les femmes et les enfants d'Ukraine. Elle a joint sa voix aux appels de Zelensky pour réclamer la mise en place d'une zone d'exclusion aérienne et a attiré l'attention sur le grand nombre de jeunes victimes ukrainiennes, blessées ou tuées par les Russes (environ quatre cents enfants pendant le premier mois du conflit). Elle a posté des vidéos d'hôpitaux remplis de blessés, des photos de femmes en uniforme militaire et des photos en noir et blanc portant le nom des enfants morts, pour mettre un visage sur tous ceux qui avaient disparu.

Pendant les premières semaines qui suivirent l'entrée des chars d'assaut russes en Ukraine, nous assistâmes à un renversement total de l'ordre mondial qui s'était mis en place depuis la Seconde Guerre mondiale. La Suisse abandonna sa neutralité historique. L'Allemagne, qui avait, jusque-là, défendu contre vents et marées le presque achevé Nord Stream 2, un pipeline construit pour acheminer le gaz naturel de la Russie vers l'Allemagne, a suspendu sa certification et a commencé à fabriquer des armes. Des sanctions ont été prises à l'encontre de la banque centrale russe et les banques russes ont été bannies du système de transfert bancaire SWIFT, ce qui a restreint leur accès au système bancaire mondial. Toutes les grandes marques internationales ont quitté le sol russe pour préserver leur réputation et la vodka russe a subitement disparu des rayons dans le reste du monde. La Russie s'est aliéné l'Europe, les États-Unis et une grande partie de la communauté internationale.

Mais Poutine resta inflexible. Il était déterminé à porter un coup à l'Occident pour montrer l'étendue de son pouvoir et se venger de la supposée humiliation infligée au peuple russe depuis l'effondrement de l'Union soviétique en 1991. La Fédération de Russie poursuivit son invasion et bombarda massivement et sans répit les villes ukrainiennes, tuant et mutilant des civils innocents et provoquant la pire crise humanitaire connue en Europe au cours des dernières années. Pendant les deux premières semaines de guerre, la Russie tira 710 missiles sur l'Ukraine, bombarda des écoles, des immeubles résidentiels et des hôpitaux. L'artillerie russe a tiré ses obus sur un théâtre reconverti en abri pour la population civile dans lequel se trouvaient plus d'un millier de femmes et d'enfants.

Cette catastrophe impensable dévaste notre pays en ce moment et se poursuivra probablement pendant encore plusieurs mois, mais la population ukrainienne restera inflexible. Nous sommes résolus à avoir un autre avenir. Un avenir qui nous a été offert il y trois décennies, le 24 août 1991, lorsque j'avais presque cinq ans, le jour où l'Ukraine a officiellement proclamé son indépendance vis-à-vis de l'Union soviétique. Une libération extraordinaire après soixante-dix ans de régime communiste. Pour moi, cela signifiait que, soudainement, du jour au lendemain, je n'avais plus à grandir avec un horizon limité. Je pouvais désormais croire que tout était possible à condition d'être prête à travailler dur.

L'histoire de l'Ukraine indépendante est donc aussi mon histoire. Je suis une enfant de la nouvelle Ukraine, la seule personne dans ma famille dont l'ukrainien est la langue maternelle. J'ai eu la chance de naître au bon moment. J'ai eu la chance de recevoir une bonne éducation : née dans une ville de province, j'ai obtenu un doctorat en littérature ukrainienne, travaillé comme journaliste, décroché le poste d'attachée de presse du Président Zelensky et repris ma carrière dans le journalisme. Je suis fière d'avoir gagné le droit de vivre dans un pays prospère, florissant, libre et transparent.

C'est également l'histoire d'une génération – ma génération – et de ceux qui partagent le même état d'esprit. Nous sommes résolus à restaurer notre héritage ukrainien perdu et à construire un pays moderne offrant de multiples opportunités. Nous avons plein d'idées pour construire notre avenir. Nous connaissons les valeurs que nous voulons conserver et l'avenir que nous voulons construire pendant les prochaines décennies.

Le reste du monde peut tirer beaucoup d'enseignements de l'histoire du peuple ukrainien. Notre société est complexe, multifacette, multi-ethnique, multiconfessionnelle et tolérante. Un mélange de sagesse ancestrale et d'idéaux romantiques. Nous avons enduré tellement de maux : l'esclavage sous les tsars, la discrimination, la pauvreté. Nous avons traversé de terribles épreuves. Nous avons survécu à l'Holodomor, une famine orchestrée par le gouvernement soviétique dans les années 1930 qui causa plusieurs millions de morts, à l'Holocauste et à la Seconde Guerre mondiale qui, eux aussi, causèrent plusieurs millions de morts. Au cours des trois dernières décennies, il n'a pas été facile de vivre dans un climat de crise permanent, de perdre des territoires, d'être soumis à des garanties de sécurité et, dans le même temps, d'évoquer les perspectives et opportunités d'un pays, de notre riche histoire, de nos héros nationaux et de la culture de nos ancêtres. Mais c'est ainsi. Nous savons qui nous sommes et nous ne laisserons personne nous définir.

Nous ne sommes pas des victimes.

Nous sommes un pays dans lequel les gens réussissent à vivre ensemble malgré leurs griefs, des passés complètement différents et, parfois, des visions du monde diamétralement opposées, mais avec une détermination de créer une riche mosaïque de cultures.

Mais ces traumatismes ont laissé des traces. Carol Dweck et Lauren Howe, deux psychologues de l'université de Stanford ont étudié le « traumatisme du rejet » : comment, après un rejet, un individu peut douter de son droit à exister. Souvenez-vous à l'école, lorsqu'ils arrivaient en retard, certains élèves frappaient timidement à la porte, jetaient des regards craintifs et s'excusaient en essayant de ne pas attirer l'attention. Tandis que d'autres entraient en trombe pour rejoindre leur place, indifférents au regard des autres. Les Ukrainiens ressemblent à ces élèves timides. Notre manque de confiance est une réaction aux nombreuses tentatives de faire disparaître l'Ukraine en tant que nation. Il est temps pour nous d'avoir foi en nous.

Volodymyr Zelensky nous a montré que c'était possible, que nous pouvons être confiants, influents et que nous avons notre place à la table. Il s'est présenté à la présidence et l'a emporté en nous montrant que nous appartenons à ce vingt et unième siècle. Nous existons. Ici et maintenant. Indépendants et forts. Et nous jouerons un rôle dans l'avenir de notre planète.

En travaillant aux côtés du Président Zelensky pendant les deux premières années de son mandat, j'ai assisté, aux premières loges, à certains des moments les plus importants de l'histoire moderne de l'Ukraine. J'ai vu un jeune acteur comique de télévision et ses collègues être portés au pouvoir par un raz-de-marée électoral parce qu'ils avaient promis de faire de véritables changements en Ukraine. Malgré des débuts chaotiques, ces dirigeants inexpérimentés ont réussi à restreindre le pouvoir des oligarques qui contrôlaient l'économie ukrainienne et à réduire la corruption qui gangrène toutes les sphères de la société. Ils ont repoussé les ingérences russes dans la politique ukrainienne et ont tenté de mettre fin au conflit en cours dans l'est de l'Ukraine déclenchée par l'agression russe. Malheureusement, une guerre bien plus importante a éclaté, celle que nous craignions depuis longtemps – une menace existentielle, pas uniquement pour l'Ukraine, mais pour l'avenir de la démocratie dans le monde entier.

Ce livre est le récit des événements dont j'ai été témoin au cours de ces années turbulentes, horribles et, au final, pleines d'espoir de notre histoire, sans rien omettre de tout ce que moi et d'autres Ukrainiens comme moi ont vécu jusqu'à présent et de ce que nous considérons comme notre héritage, de notre lutte quotidienne contre l'envahisseur russe. C'est également un récit héroïque de notre lutte contre un dictateur brutal et son armée sanguinaire, le combat de David contre Goliath pour la liberté et la démocratie. Son issue est encore incertaine, mais j'espère que ce récit aura une fin heureuse.

LE COMBAT DE NOS VIES

CHAPITRE 1

Le raz-de-marée électoral Zelensky

Décembre 2020, 7 heures, je dormais encore à moitié. Le Wi-Fi dans mon appartement de Kiyv ne fonctionnait pas. Je m'étais donc rabattue sur la connexion 3G de mon téléphone portable. Je faisais défiler, sur mon téléphone, ma playlist YouTube remplie de hits vintage de la période postsoviétique. J'ai choisi « Devtchonka devtchonotchka[5] » de Zhenia[6] Belousov, un titre immensément populaire du début des années 1990. Je réfléchissais au menu de mes deux prochains repas. J'optais pour deux œufs à la coque au petit déjeuner et du sarrasin au déjeuner.

5. « Jeune fille en fleur ». Pour ceux ou celles qui voudraient retrouver cette chanson sur Internet, vous aurez plus de chances en utilisant l'alphabet cyrillique et le titre suivant : Девчонка девчоночка (NDT).

6. Prononciation « Djenia » (NDT).

Ma playlist alternait, dans un va-et-vient harmonieux, entre les hits vieux de dix ans et ceux vieux de vingt ans, entrecoupés par des messages publicitaires horripilants pour des biens immobiliers bon marché dans les environs. L'eau pour mon thé du matin arriva à ébullition, un filet de vapeur d'eau s'éleva vers le plafond mais en un instant, tout ceci devint irréel et sans importance. Comme si tout ceci venait de basculer dans une autre dimension et ne me concernait plus du tout.

Tout à coup, à la quarante-septième seconde du clip de Philipp Kirkorov, le roi de la pop russe, qui chantait que le mois d'avril venait de se réveiller dans son cœur, Volodymyr Zelensky apparut sur l'écran de mon téléphone en train de sprinter. Bien avant qu'il ne songe à entrer en politique, Zelensky était acteur, d'où sa présence dans ce clip vidéo de 2009 dans lequel se succédaient plusieurs extraits de l'un de ses films les plus populaires : jeune, cool, sincère, débordant d'énergie et amoureux. Il portait une cravate et un costume gris clair – deux pièces d'étoffe que, je le savais, il ne portait presque jamais dans la vie. La « visite » inopinée de mon patron me fit machinalement sortir de l'état dilettante et basculer en mode plein régime. Ces quelques secondes me sortirent de ma torpeur et remirent les réalités politiques du jour au centre de mes préoccupations.

J'ai terminé mes œufs à la coque et mes tranches d'avocat, mis le sarrasin et le poisson fumé norvégien dans une boîte repas pour le déjeuner et j'ai repris ma routine matinale. Mais j'ai fait tout cela mécaniquement, comme si mon corps était passé en mode pilote automatique : une douche dans une cabine sans porte étanche, une crème de visage d'un nouveau fabricant de cosmétiques, un pantalon noir et un pull noir, et une montagne de messages sur WhatsApp.

Nous étions débordés et je savais que Zelensky était extrêmement attentif au travail du service de communication. L'homme qui, dans le clip vidéo, interprétait un héros romantique était très différent du Président Zelensky que je connaissais et qui se montrait terriblement exigeant sur le plan professionnel envers lui-même et ceux qui travaillaient avec lui. Il examinait chaque communiqué, chaque photo et chaque vidéo publiés par notre service pour répondre aux polémiques sans fin qui émaillaient la vie politique et perturbaient le fonctionnement de notre jeune démocratie avec le même perfectionnisme que celui dont il faisait preuve sur les programmes de télévision qu'il produisait, dans sa vie antérieure, lorsqu'il demandait à son équipe de retourner encore et encore certaines scènes.

Ce matin-là, mon équipe avait plusieurs fers au feu. La passe d'armes entre le ministre de la Défense et un journaliste d'opposition tenace, un groupe de militants en croisade contre le chef de cabinet adjoint du Président qu'ils accusaient de corruption. Sans oublier la date anniversaire du sommet au Format Normandie au cours duquel les dirigeants de l'Ukraine, de l'Allemagne, de la France et de la Russie avaient essayé, sans succès, de mettre fin au conflit provoqué par l'invasion russe de la région ukrainienne du Donbass en 2014 qui arrivait à grands pas.

La semaine avait été compliquée. Certainement une des plus difficiles de l'année. Les échecs s'accumulaient en cette fin d'année 2020. Des dissensions internes avaient fait naître plusieurs petits conflits au sein de l'équipe dirigeante. L'atmosphère était pesante. Le budget n'avait pas encore été voté ni même approuvé par les différents partis. Et même en cas d'approbation, tout ce que nous pouvions espérer c'était un déficit d'une magnitude plus gérable. Le spectre du défaut de paiement planait, pour la énième fois, au-dessus de l'Ukraine. Impossible de le boucler sans l'aide de nos partenaires occidentaux. Ils renâclaient toujours un peu au moment d'allouer une nouvelle aide financière à l'Ukraine, mais ils savaient qu'ils ne pouvaient pas abandonner un pays de quarante millions d'habitants en plein cœur de l'Europe.

L'Ukraine allait mal. Le conflit au Donbass et le retard dans les réformes qui étaient venus s'ajouter à la corruption endémique au cours des trente dernières années, depuis la séparation de l'Union soviétique et la naissance de notre État indépendant pesaient sur le moral de nos concitoyens. La population était scindée en deux groupes : d'un côté les pro-occidentaux et de l'autre les prorusses.

Un fossé qui s'était creusé année après année. Les générations se succédaient, mais l'Ukraine n'était toujours pas parvenue à se rassembler autour d'un « socle » de valeurs sur lesquelles elle pourrait bâtir un État vraiment solide. L'année 2020 toucherait à sa fin dans quelques semaines.

Je ne peux pas dire que l'on ne m'avait pas prévenue des difficultés qui m'attendaient lorsque j'ai accepté ce poste. J'avais rejoint le cabinet du Président après une carrière d'une dizaine d'années comme journaliste en Ukraine pour l'essentiel, puis de correspondante à Bruxelles. J'avais vu de près comment les choses se déroulaient en Ukraine et à quel point il était difficile de faire des changements sans une forte volonté politique au sommet de l'État.

En 2016, à Bruxelles, où j'étais correspondante pour une chaîne de télévision ukrainienne, j'ai fait la connaissance de Matthew Kaminski, le rédacteur en chef de *Politico Europe*, la revue lue par la classe politique dans toutes les capitales de l'Union européenne. Avant d'occuper cette fonction, il avait été correspondant international et grand reporter sur plusieurs continents pendant plusieurs décennies. Il avait également couvert plusieurs événements en Russie, en Ukraine et dans d'autres pays de l'ex-Union soviétique.

« L'Ukraine est le pays qui possède les pires représentants politiques », lâcha-t-il un jour de façon si abrupte et si inattendue que sa remarque sonna comme une sentence.

« Il y a aussi, bien sûr, de la corruption, des atteintes aux droits humains, de la pauvreté et des conditions de vie difficiles en Russie. Mais leurs représentants politiques ont encore quelques valeurs fondamentales. » Nous discutions en anglais, mais il a ajouté un mot russe qu'il avait appris pendant ses reportages à Moscou : « *gosudarstvennost* », « l'étatisme ». Il insista sur le mot. « C'est le credo de la classe politique russe ; c'est son idéologie. La classe politique ukrainienne n'a aucune valeur. Ses membres sont prêts à promettre n'importe quoi, y compris des choses contradictoires, si cela leur permet de rester au pouvoir. »

Pourtant, en regardant d'assez près, on pouvait déjà apercevoir de petites fissures dans cet édifice corrompu ukrainien. Les manifestations sur la place Euromaïdan – les manifestations contre Viktor Ianoukovytch, le Président prorusse – éclatèrent fin 2013 et marquèrent le début de la révolution de la Dignité. Plusieurs millions d'Ukrainiens s'élevèrent contre la corruption et le rapprochement avec la Russie. Plus d'une centaine de personnes périrent pendant la répression qui s'ensuivit, une centaine de manifestants qui donnèrent leur vie pour les valeurs humaines fondamentales. En 2014, Ianoukovytch a été destitué et a fui le pays. Cette année, et celles qui suivirent, semblaient inaugurer une nouvelle mentalité en politique. L'Ukraine fit part de son désir de faire partie de la famille des nations européennes en signant l'accord d'association entre l'UE et l'Ukraine grâce auquel l'EU devenait le principal partenaire commercial de l'Ukraine. En 2017, les pays de l'UE autorisèrent les Ukrainiens à se rendre sans visa dans ses pays membres pour de brefs séjours. Nous avons entrepris de nouvelles réformes et la presse occidentale commença à se faire l'écho de nos désirs. Nous avions l'impression qu'avec le bon leadership, beaucoup de choses pourraient changer, et vite.

Mais les progrès étaient lents et à peine notables à l'intérieur du pays. Un quart de la population ukrainienne vivait sous le seuil de pauvreté. De nombreux villages, dans toutes les régions du pays, n'avaient ni eau courante ni gaz. Le salaire mensuel moyen en Ukraine était légèrement inférieur à 4 200 hryvnias, soit environ 150 euros. La presse fourmillait d'articles sur la corruption et les scandales à hauteur de plusieurs millions d'euros. Un seul exemple : En mars 2017, notre bureau de lutte contre la corruption plaça en détention provisoire Roman Nasirov, le directeur des services fiscaux ukrainiens, qui était accusé d'avoir détourné plus de 2 milliards d'hryvnias, environ 74 millions d'euros, de recettes fiscales. Il encourait une peine de six ans de prison mais il ne passa pas un seul jour en cellule. Après son arrestation, sa femme paya une caution d'environ 112 millions d'hryvnias, environ 4 millions d'euros. Nasirov est passé en jugement mais n'a pas passé le moindre jour en prison. N'ayant pas été inculpé, la Commission Centrale Électorale (CvkU) l'autorisa à se présenter aux élections présidentielles en 2019. Mais ce tour de force ne lui attira pas beaucoup de sympathie ; il fut le candidat, parmi les trente-neuf déclarés éligibles, qui a recueilli le moins de suffrages. Nasirov, comme beaucoup de membres de la vieille garde politique ukrainienne, se prétendait pro-européen mais même pour une minute il n'aurait pas voulu avoir une carte d'identité européenne ni devoir rendre des comptes à quiconque.

En 2019, l'entourage de Petro Porochenko, le Président ukrainien sortant, était empêtré dans des scandales de corruption et se vautrait dans l'hypocrisie. Ils s'érigèrent en défenseurs des idées conservatrices surannées et s'opposèrent à toute réforme. L'immobilisme régnait en maître. Le fort devenait plus fort et les élites hautaines se délectaient de leur statut de privilégiés. Leur petit manège lassait et énervait de plus en plus le reste de la population. Nous ne pouvions pas espérer ressembler un jour davantage à l'Europe tant que nous n'aurions pas une classe politique partageant les idéaux européens. Les membres du gouvernement du Président Porochenko n'étaient ni plus ni moins que les mêmes escrocs soviétiques que nous avions subis par le passé qui se nourrissaient à l'auge budgétaire, s'enrichissaient et appauvrissant le reste de la population. Les slogans prétentieux ne pouvaient pas dissimuler leurs habitudes héritées de l'ère soviétique.

L'élite politique était pourrie depuis longtemps. Un changement de visages n'avait rien changé.

En presque trente ans d'indépendance, les partis politiques ukrainiens s'étaient montrés incapables de proposer une ligne idéologique unitaire ou, au moins, la leur. La longévité de tous les nouveaux partis politiques ne dépendait que du charisme de leurs leaders. Les valeurs clamées, les promesses faites et les actions entreprises variaient en fonction des profits qu'ils pourraient engranger. Personne ne plaçait les valeurs idéologiques avant les profits politiques.

Aucun groupe politique n'avait non plus été capable de définir l'identité ukrainienne. Porochenko s'y essaya pendant sa campagne présidentielle de 2019 en ressortant de la naphtaline les idéaux conservateurs du début du vingtième siècle. Selon Porochenko, la société ukrainienne reposait sur une trinité au centre de laquelle se trouvait l'armée – cette même armée que ses amis saignaient à blanc pour se remplir les poches. Deuxième pilier de la trinité selon Porochenko, la langue ukrainienne que sa famille ne parlait pas. Troisième et dernier pilier, la foi religieuse et la demande d'autocéphalie de l'Église ukrainienne orthodoxe, son indépendance vis-à-vis de l'Église orthodoxe russe. Il n'était pas le seul à tenter de définir l'identité ukrainienne. Pour la presse occidentale, la culture ukrainienne se limitait aux légendes des courageux cosaques – des communautés semi-militaires autonomes qui fleurirent entre le quinzième et le dix-huitième siècle –, au pain que les jeunes filles faisaient cuire dans le four familial la veille de leur mariage et aux groupes de chanteurs qui allaient de ferme en ferme pendant les fêtes de Noël, popularisés par la littérature ukrainienne. Bref, pour les observateurs occidentaux, l'Ukraine était un pays rural qui, dans leur esprit, demeurait une ex-république soviétique.

Porochenko a adopté ce stéréotype et c'est cette image de l'Ukraine qu'il a choisi de présenter au monde, niant par là même la richesse, les multiples visages, la complexité, la diversité, la mixité et les différences d'opinions de la société ukrainienne contemporaine. Plus il martelait cette vision par trop étriquée de l'Ukraine, plus cela sonnait faux.

Fin 2018, tout semblait indiquer que Porochenko briguerait un second mandat présidentiel en 2019. La candidature déclarée d'Ioulia Tymochenko, autre vétéran de la scène politique, ne soulevait pas plus d'enthousiasme. L'absence de véritables alternatives au statu quo ouvrait soudain un immense espace à de nouvelles options. C'est à ce moment-là que Volodymyr Zelensky, une star de la télévision sans la moindre expérience en politique jusque-là, décida de se lancer dans l'arène politique.

Zelensky n'était pas un homme politique, même s'il avait créé son parti politique un an et demi plus tôt, un parti auquel il avait donné le nom de sa série télévisée qui rencontrait un succès phénoménal, *Serviteur du peuple*. Une série dans laquelle Zelensky interprétait un enseignant de lycée lambda, Vassili Petrovitch Holoborodko, élu Président par accident. La fiction imitait la vie et la vie imitait la fiction. En même temps. C'était brillant. La série était diffusée toutes les semaines jusqu'à l'élection et elle a servi de tribune aux idées politiques de Zelensky. Tout le monde la regardait.

Lorsque Zelensky annonça officiellement, le 31 décembre 2018, qu'il se présentait à l'élection présidentielle, beaucoup ont poussé un soupir de soulagement. Zelensky était une bouffée d'air frais. Il apportait un espoir qui faisait défaut depuis longtemps. La seule personne mécontente de la décision de Zelensky fut peut-être son épouse, Olena, scénariste de son état, qui ne voulait pas vivre sous les feux des projecteurs. Elle entrevoyait les conséquences, pour elle et sa famille, d'une victoire de Zelensky à l'élection. Comme elle l'a fait remarquer, en 2019, dans *Vogue Ukraine* : « Je préfère rester en coulisse. Mon mari est toujours sur le devant de la scène alors que je me sens plus à l'aide dans l'ombre. » Et bien qu'elle soit parvenue à préserver en grande partie sa vie familiale, après l'élection de Zelensky, elle a rapidement compris qu'elle pourrait utiliser son influence pour faire avancer les choses. Tout au long des deux années où j'ai été son attachée de presse, j'ai pu voir à quel point Zelensky se montrait prévenant avec elle. Elle l'accompagnait souvent pendant les voyages officiels. Il voulait toujours l'avoir à ses côtés. Il voulait qu'elle partage ces moments importants, sa partenaire sur la scène et en dehors.

Pendant la campagne présidentielle, Zelensky a, peut-être pour la première fois de sa vie, découvert ce que cela faisait de ne pas se sentir aimé. Il avait l'habitude d'être adulé comme une popstar, d'abord à l'université en tant qu'étudiant dynamique et passionné, puis en tant qu'humoriste plein d'entrain à l'esprit vif dans une émission postsoviétique (la bien nommée *KVN*, dont la forme complète pourrait se traduire par *Club des joyeux drilles jamais à court de reparties*) et, plus récemment, dans chaque nouvelle émission humoristique et dans chaque nouveau film.

Pendant les quatre mois d'une campagne qui a été particulièrement animée, Zelensky a été traîné dans la boue par ses adversaires politiques qui cherchaient constamment des informations compromettantes sur lui et qui, parfois, en trouvaient. Il a également appris à débattre en public sans téléprompteur, une technique qu'il a vite maîtrisée, grâce à ses nombreuses années d'expérience de la scène.

Ce politicien néophyte s'est rapidement révélé à la hauteur. Il a rassuré les électeurs, pris la mesure de ses rivaux et parfaitement analysé le contexte ambiant. Son empathie et sa maîtrise de la scène lui ont été d'un grand secours pendant les débats en tête à tête face à Porochenko, le Président sortant. Son inexpérience politique a plu aux électeurs. J'ai pu observer au sein de ma famille la capacité de Zelensky à susciter des sentiments de compassion – un désir presque parental de le protéger.

En Ukraine, un candidat peut être élu au premier tour s'il obtient 51 % des suffrages, mais avec trente-neuf candidats sur la ligne de départ, une telle issue était quasi impossible en 2019. Seuls Zelensky et Porochenko obtinrent assez de suffrages pour se qualifier pour le second tour.

Porochenko supposait que Zelensky serait intimidé dans un débat en tête à tête avec un politicien de carrière comme lui. Il insista donc pour organiser plusieurs débats en 2019, un changement de stratégie par rapport à l'élection de 2014 pendant laquelle il refusa d'offrir à son adversaire la même tribune.

Les deux options – accepter ou refuser les débats – présentaient un risque pour Zelensky. Lorsqu'ils eurent vent du défi lancé par Porochenko, l'équipe de Zelensky posta une vidéo dans laquelle ils invitaient Porochenko à débattre. Ils posaient également les conditions pour un éventuel futur débat. Zelensky demandait que chaque candidat devrait, au préalable, se soumettre à un contrôle antidrogue pour montrer qu'il n'était sous l'influence d'aucune substance, des excuses de Porochenko pour l'avoir calomnié et que le débat devrait se tenir au Stade olympique – le complexe sportif national ukrainien – en direct devant un public et la presse, et pas dans un studio de télévision comme la loi le stipulait.

La vidéo devint virale. Obligé de répondre, Porochenko accepta toutes les conditions sauf une. Il refusa de présenter ses excuses pour ses attaques contre Zelensky. Sa réponse, « Stade ? OK, stade », est devenu un mème en Ukraine. Avec cette réponse, il tentait de masquer son anxiété mais il faisait surtout preuve d'une condescendance paternaliste, comme s'il était persuadé de « démolir » le novice, quelle que soit la tribune choisie pour le débat. Et cela augmenta encore plus l'intérêt pour le débat entre les deux hommes.

Jusque-là, ma tante s'était montrée négative vis-à-vis de Zelensky et de ses chances de devenir Président. Elle n'aimait pas son humour grivois. Et son manque d'expérience en politique la rebutait. Après les débats, elle fit volte-face. Le discours de Zelensky était frais et ses critiques acérées sur la qualité des individus à la tête du gouvernement ukrainien semblaient méritées. La majorité des électeurs étaient d'accord avec lui.

« Je ne suis pas votre adversaire », dit-il à Porochenko. « Je suis votre verdict. » À chaque phrase, Zelensky, l'acteur et l'entrepreneur, plantait un nouveau clou dans le cercueil politique de Porochenko. Il ne fit pas le fanfaron et il ne fit pas beaucoup de promesses ; son instinct lui disait que c'était le scénario qu'il devait suivre pour l'emporter.

Ma tante regarda attentivement les débats, de plus en plus convaincue par le jeune et touchant novice debout à côté de l'oligarque vulgaire et sûr de lui. Porochenko avait affrété plusieurs bus remplis de sympathisants pour être certain d'avoir un public acquis à sa cause. « Je veux que Zelensky l'emporte », déclara-t-elle après les débats. « Il doit devenir le serviteur du peuple. » Mes parents étaient du même avis. Pour la première fois, sans nous consulter les uns les autres ou nous quereller, mes parents et moi avons voté pour le même candidat. Nous voulions tous vivre mieux. Et sinon mieux, alors au moins nous voulions vivre avec l'espoir et pas sans.

En juin 2019, un sondage réalisé par l'International Republican Institute montrait que 48 % des Ukrainiens s'attendaient à des changements économiques positifs dans l'année à venir, la première année d'une présidence de Zelensky. Contre 14 %, dix mois plus tôt, dans le même sondage. La population, lasse de la classe politique corrompue et pourrie de l'ère postsoviétique, voulait un véritable changement. Le jour de l'élection, Zelensky a obtenu 73 % des suffrages. Son nouveau parti, composé presque exclusivement de novices en politique, pour la plupart totalement inconnus, enregistra, lui aussi, un score historique en obtenant 43 % des suffrages populaires aux élections législatives anticipées.

Le résultat record de 73 % des suffrages au second tour était une révolution en soit. Une victoire remportée sans manifestations violentes dans les rues. Une décision claire, nette et enthousiaste en faveur de Zelensky et de ses partisans. Et rien de plus. Ce fut la première véritable révolution électorale en Ukraine.

Quelques années plus tôt, en 2016, j'avais couvert les campagnes politiques de Donald Trump et d'Hillary Clinton. J'avais, depuis, lu plusieurs livres sur la cybersécurité, le piratage informatique et la désinformation. J'avais fait des recherches sur Cambridge Analytica et regardé plusieurs films sur les nouvelles technologies politiques et leur fonctionnement. Je savais comment se déroulait le combat politique de nos jours et que quelques connaissances de base du fonctionnement des réseaux sociaux étaient requises pour comprendre la politique dans notre société moderne, pour savoir comment sont collectées et utilisées les données personnelles, comment les publicités sont ciblées et comment des campagnes conduites par des bots peuvent, à dessein, diviser des pays entiers. Ces stratagèmes utilisés sur les réseaux sociaux jouent sur nos plus grandes peurs et nos traumatismes historiques ; ils suscitent des émotions douloureuses et les alimentent discrètement dans le but de monter une partie de la population contre une autre. En partant du principe qu'il est plus facile de convaincre les électeurs de voter contre quelque chose en attisant leur colère ou en jouant sur leur ressentiment que pour préserver l'unité et défendre un objectif. Il faut manipuler les indécis ou les partisans des partis d'opposition pour les amener à douter de leurs choix. Pour les technologues politiques, les maux de la société sont des instruments.

En Ukraine, en 2019, les thèmes utilisés pour diviser la population étaient le patriotisme, la langue et choisir le camp de l'Europe occidentale ou de la Russie dans les luttes d'influence sur le continent. L'équipe de campagne de Porochenko joua sur tous ces leviers en montant les russophones contre ceux qui parlaient ukrainien, en présentant certains groupes comme plus patriotiques et d'autres moins et en faisant circuler des mèmes conçus pour attiser les querelles au sein de la population et déformer la réalité. Elle inonda les réseaux sociaux ukrainiens de bots, attisa les tensions pour faire descendre la population dans la rue et versa des fortunes aux médias et aux chaînes sur les réseaux sociaux. À cause de toutes ces manœuvres, la campagne de 2019 fut l'une des plus abjectes de l'histoire de l'Ukraine.

La campagne de Porochenko instaura un climat polémique. Il avait recours aux mêmes tactiques politiques que Trump avait utilisées pour remporter l'élection présidentielle américaine en 2016. Les tactiques auxquelles les partisans du Brexit devaient leur victoire au RU. Mais en Ukraine, cette stratégie fit chou blanc. En fait, elle a échoué de façon spectaculaire. Pourquoi la stratégie qui a fonctionné dans les pays occidentaux a échoué dans le nôtre ? Porochenko était, après tout, le Président sortant en quête d'une réélection dans une société beaucoup plus fragmentée.

En Ukraine, la population en avait assez de ce genre de polémiques que presque toutes les forces politiques du pays avaient délibérément attisées depuis 2002. Ces stratégies nous étaient sinistrement familières – nous n'avions pas eu une seule campagne politique pendant laquelle il n'y a pas eu de tentatives de diviser les Ukrainiens. Et donc lorsque Zelensky arriva avec une nouvelle idéologie – unifier le pays –, un désir instinctif pour cet idéal est né, une envie de vivre et d'être heureux, un instinct de conservation et un souci des autres que les Ukrainiens n'avaient jamais ressentis.

Zelensky a définitivement changé le visage de la politique ukrainienne. Il a « libéré » une grande partie de l'élite politique ukrainienne de son emprise sur le pouvoir et a fait entrer en politique des gens venus de l'entreprise, des arts et de la télévision. Il a changé la narration dans le pays et aplani les conflits idéologiques. Il a présenté l'identité ukrainienne sans fard, sans pathos, mais comme une palette comportant de nombreuses couleurs ; pas un pays dont on doit avoir pitié mais une démocratie européenne dynamique.

CHAPITRE 2

Le pays le plus pauvre d'Europe

Cela sera moralement compliqué. Je ressentirai un certain inconfort, je ne vous le cache pas ; cela va me déprimer. Mais la dépression et l'inconfort n'influenceront pas mes décisions. J'enfouirai tout cela en moi ; nous devons effectuer des réformes. Nous avons une chance.

—VOLODYMYR ZELENSKYY À PROPOS DES RÉFORMES (EXTRAIT D'UNE TRANSCRIPTION DE L'AUTEUR D'UNE INTERVIEW RÉALISÉE PAR JOSHUA YAFFA POUR SON ARTICLE DANS *THE NEW YORKER*, 30 AOÛT 2019)

L'Ukraine est le pays le plus pauvre d'Europe et cette pauvreté a constitué un obstacle majeur à la construction d'une société forte.

La pauvreté vous empêche de vous payer des études, une maison, des vêtements, de la nourriture ou de voyager dans d'autres lieux et connaître le monde. La pauvreté vous enferme dans votre monde confiné et vous prive de la capacité d'acquérir de nouveaux savoirs ou de progresser sur le plan individuel.

Raisons pour lesquelles il est difficile de construire des institutions fortes dans un pays pauvre et raisons pour lesquelles il est facile de fragiliser celles qui existent. Il est beaucoup plus facile de déformer la réalité dans un pays pauvre que dans un pays riche, et encore plus à l'ère des réseaux sociaux. La lutte contre la pauvreté est essentielle pour la liberté.

À l'école, une de mes enseignantes, Valentyna Datsiuk, m'a expliqué le concept de privation grâce à une simple métaphore : tous les individus ont deux ailes ; une qui est physique, l'autre spirituelle. Si un individu n'utilise pas la première, la physique, en travaillant, la seconde ne fonctionnera pas elle non plus. Et sans la deuxième aile, vous ne pourrez pas voler bien loin, avec une seule aile.

La famille de Zelensky n'a jamais connu les pires affres de la pauvreté ukrainienne, comme l'absence de services et de biens ou le manque de nourriture dont certains ont souffert pendant les années 1990. Mais Kryvyi Rih[7], la

7. Prononciation « Krivi Rig » (NDT).

ville dans laquelle il a grandi, était, de l'avis de tous, une ville ouvrière rude. Ancien bastion industriel sidérurgique de l'ère stalinienne situé au centre, la ville a connu un important déclin économique au milieu des années 1980. S'ensuivirent un taux de chômage élevé et une ville gangrenée par la violence. Environ quarante gangs d'adolescents, baptisés *beguny*[8], écumaient les rues. Après l'effondrement de l'Union soviétique en 1991, il n'y avait pas de sport organisé, les adolescents n'avaient pas grand-chose à faire à part se battre contre leurs congénères.

Zelensky est fils unique. Il a grandi au sein d'une famille d'intellectuels juifs. Son père, Oleksandr, était un professeur ukrainien d'informatique et de technologie qui devint par la suite doyen du département de cybernétique et d'informatique à l'université d'État d'économie et de technologie de Kryvyi Rih qui était rattachée à l'Institut national d'économie de Kyiv. Sa mère, Rymma, était ingénieure.

Comme beaucoup d'Ukrainiens de ces générations, nés au début du vingtième siècle, la famille de Zelensky a connu une terrible tragédie. Zelensky a raconté que ses arrière-grands-parents ont été assassinés lorsque les nazis brûlèrent leur village pendant la Seconde Guerre mondiale. Leurs quatre fils avaient rejoint les rangs de l'armée soviétique. Le grand-père de Zelensky, Semyon fut le seul

8. Coureurs (NDT).

à survivre. Colonel et héros de guerre de l'Armée rouge, Semyon rentra à Kryvyi Rih où il devint chef de la force de police locale. Réputé pour son intégrité, on lui confia la mission de débarrasser la ville des organisations criminelles implantées dans la région. Zelensky aurait été très proche de ses grands-parents, surtout de son grand-père paternel qui a eu une grande influence sur lui.

Les parents de Zelensky habitent encore dans un modeste appartement situé dans le Kvartal[9] 95, le quartier dans lequel il a grandi. Zelensky est très proche de ses parents. Leur approbation a toujours eu énormément d'importance pour lui. Même à l'âge adulte et aujourd'hui Président, il ressent encore le besoin de leur prouver qu'il fait ce qui est juste.

Pendant un déjeuner avec son équipe, au cours d'un voyage en Pologne, le Président m'a demandé si mes parents m'avaient dit qu'ils étaient fiers de moi. Nous n'avons pas vraiment ce genre de conversations dans ma famille. Mais j'ai répondu qu'ils étaient fiers ; du moins que je pensais qu'ils l'étaient. La question de Zelensky montrait à quel point l'approbation de ses parents était importante pour lui.

Quand il a commencé à gagner beaucoup d'argent grâce à sa société de production, il a voulu que ses parents

9. Quartier (NDT).

déménagent à Kyiv, mais ils ont refusé. Ils ont également refusé la voiture qu'il voulait leur offrir.

Dans une certaine mesure, leur opposition aux biens matériels a révélé un conflit intergénérationnel très répandu au sein des familles dans les ex-républiques soviétiques. Ils n'étaient, tout simplement, pas aussi consuméristes que leurs enfants. Mais quoi qu'il en soit, la famille Zelensky n'affichait pas ses différences en public.

Leur fils avait une autre approche de la vie. Même s'il désapprouvait, lui aussi, les excès du consumérisme dans la période postsoviétique, son niveau de vie était loin d'être celui d'un ascète. Zelensky appartenait à une nouvelle génération ukrainienne, plus aventureuse que ses aînés et moins opprimée par les restrictions. Zelensky a été scolarisé à l'école à côté de chez lui. Il a rejoint le comedy club de son quartier à dix-sept ans et a remporté toutes les compétitions. Sa future femme, Olena Kiyashko, une adolescente intelligente et séduisante du même âge, était dans une autre classe. Leurs chemins ne se sont donc pas beaucoup croisés. Mais après leur entrée dans l'enseignement supérieur, à l'université nationale de Kryvyi Rih pour Olena, où elle étudia l'architecture et, pour Zelensky, à l'Institut d'économie de Kryvyi Rih, rattaché à l'Institut national d'économie de Kyiv, où il commença ses études de droit, ils devinrent très vite inséparables. Zelensky connut le succès très jeune en montrant à ses pairs postsoviétiques un nouveau professionnalisme, un nouveau sens de l'humour et une nouvelle attitude envers la vie en général. Je dirais que bousculer les habitudes, les moules, et repousser les limites devint une seconde nature chez lui bien que je ne sois pas sûre que Zelensky en soit, lui-même, conscient.

Méritocrate par nature, il est impatient de faire ses preuves. Certaines personnes ne comprennent pas ce besoin de repousser sans cesse les limites et cela les rebute. Mais d'autres s'identifient avec son énergie insolente et admirent cet aspect de sa personnalité. On ne s'ennuie jamais en sa compagnie. Il cherche tout le temps à faire mieux. Derrière sa désinvolture se cache un profond sérieux. Les médias, bien sûr, présentent généralement Zelensky comme un être à une dimension et se sont focalisés sur sa carrière d'humoriste. Mais il ne s'agit que d'un de ses talents. Même si c'est certainement le plus connu. Aujourd'hui, peu se souviennent qu'il est titulaire d'un diplôme de droit avec une spécialisation en droit constitutionnel.

Zelensky continua ses sketches pendant ses études à l'université. Il réunit une équipe constituée d'amis originaires de la ville dans laquelle il a grandi, dont Olena qui participa à l'écriture des scénarios de leurs spectacles.

Olena a dû tordre le bras à quelques proches pour les convaincre de venir assister à ces premiers spectacles étudiants, mais le public s'est très vite entiché des talentueux humoristes de Kryvyi Rih. Leurs spectacles devinrent extrêmement populaires. Les professeurs et d'anciens étudiants que j'ai rencontrés lorsque je me suis rendue dans cette université en 2019 se souvenaient d'eux avec une certaine ferveur.

L'immense succès du groupe encouragea Zelensky et ses amis à embrasser la carrière d'humoristes. Je ne suis pas certaine que son père, qui était plutôt conservateur en termes de choix de carrière, ait vu cette décision d'un bon œil. Mais Zelensky et sa troupe commencèrent par racler les fonds de tiroir pour réunir un peu d'argent afin de pouvoir se rendre dans d'autres régions du pays pour y donner des spectacles.

Zelensky utilisa ses talents de scénariste et de manager pour faire son trou dans le secteur du divertissement. Il faisait preuve d'un grand perfectionnisme pendant les répétitions. Il faisait répéter leurs répliques, encore et encore, aux acteurs jusqu'à ce que le résultat soit parfait.

Sans surprise, Zelensky et son groupe furent repérés par la télévision et jouèrent leurs sketches dans l'émission humoristique la plus populaire dans l'ancienne Union soviétique, la bien nommée *Club des joyeux drilles jamais à court de reparties* (*Klub vesyólykh i nakhódchivykh* ou *KVN*). Ils baptisèrent leur équipe Kvartal 95, le nom du quartier de Kryvyi Rih dans lequel Zelensky a grandi et a été scolarisé.

Leur humour était impertinent, paillard, moderne et faisait la part belle à la satire politique.

« En l'honneur du tricentenaire, nous proposons que Saint-Pétersbourg devienne notre capitale », proclama, en 2003, un acteur de la troupe de Zelensky sur la scène du *KVN* à Saint-Pétersbourg.

« Génial ! Cela me plaît ! Cela sonne bien : Saint-Pétersbourg est la capitale de l'Ukraine ! » répondit Zelensky, sous-entendant de façon effrontée que l'Ukraine dominerait la Fédération de Russie. À cette époque, ce type d'humour était encore autorisé. Ce serait presque impossible aujourd'hui après tellement d'années de conflit sanglant entre les deux nations.

Il est très difficile d'imaginer les efforts qu'il fallait pour bâtir un empire économique en Ukraine entre 1990 et 2010. Les entreprises devaient faire face à la corruption et aux pressions des forces de l'ordre. En outre, à cause de la situation géopolitique, Moscou était devenu un lieu incontournable pour l'industrie du divertissement. C'était là qu'étaient produits tous les programmes à succès commercialisés dans les ex-républiques soviétiques. Ceux qui voulaient réussir dans le divertissement étaient prêts à tout pour rejoindre Moscou, exactement comme tous ceux qui veulent devenir acteurs prennent la direction de L.A. ou de New York aux États-Unis.

La troupe d'humoristes de Kryvyi Rih a eu la chance de pouvoir concourir à la télévision russe. Kvartal 95 a rencontré un grand succès aux différents stades de la compétition – sauf, bien sûr, lorsqu'ils se retrouvaient en compétition avec les troupes originaires de Moscou. Les instances supérieures en Russie ne pouvaient pas permettre qu'une équipe de Moscou s'incline face à quiconque et, surtout pas, face à un groupe originaire d'une petite ville d'un oblast d'Ukraine. C'était le côté injuste et, pour beaucoup, non reconnu de la réticence de la Russie à garantir l'impartialité des compétitions. Les dés étaient pipés contre les jeunes talents originaires des provinces même si, après la chute de l'Union soviétique, ces provinces n'étaient plus des provinces mais des nations indépendantes. La Russie devait toujours rester l'État le plus fort. Le contrôle culturel exercé sur les programmes diffusés à la télévision en était, bien sûr, une manifestation pas si subtile, bien que non reconnue ouvertement.

L'année 2003 marqua un tournant dans la carrière de Zelensky. À cause de sa brouille avec Alexander Maslyakov, le président et animateur vedette de *KVN*, lorsqu'il refusa le poste de rédacteur TV à Moscou que ce dernier lui offrait. La Russie a toujours fait preuve de paternalisme envers les autres républiques. Elle est persuadée que tous les individus talentueux originaires de ces régions devaient accepter avec humilité et gratitude toutes les opportunités qu'elle leur offrait. Il avait offert à Zelensky ce qui ressemblait à un pont d'or, une de ces offres que l'on ne peut pas refuser ; une offre qui lui aurait garanti un revenu régulier, peut-être même la fortune. Les magnats de Moscou pensaient que c'était plus que suffisant pour un péquenaud d'une région périphérique. Mais en acceptant cette offre, Zelensky aurait signé l'acte de dissolution de la troupe. La chance extraordinaire n'était offerte qu'à lui.

Zelensky la refusa. En 2019, dans une interview, il expliqua qu'il ne pouvait pas imaginer abandonner son équipe. Il rentra avec eux en Ukraine pour y créer sa société de production.

Une décision qui ne manqua de lui attirer les foudres de l'establishment moscovite du divertissement. Ils tentèrent même de faire interdire les premiers spectacles autoproduits par Kvartal 95 à Kiyv. En 2003, ce genre d'ingérence de la part de Moscou était encore concevable à cause des liens étroits entre la Russie et l'Ukraine mais aussi parce que le secteur du divertissement était très dépendant des producteurs russes.

Mais Zelensky esquiva le boulet. Je ne sais pas comment il a réussi ce tour de force, quels arrangements ont été conclus ni combien de personnes ont été impliquées, mais Kvartal 95 rencontra un immense succès dans leur pays. Zelensky a ensuite eu droit à sa propre émission sur des chaînes de télévision appartenant aux plus gros oligarques d'Ukraine – d'abord Valeriy Khorochkovsky puis Ihor Kolomoïsky. C'était le gros succès dont il avait besoin : grâce à ce partenariat avec ces chaînes, Zelensky a transformé cette émission en empire.

Kvartal 95 a produit un grand nombre d'émissions humoristiques à succès, toutes construites autour de sa star charismatique, Volodymyr Zelensky. Il a également travaillé comme producteur pour Inter, la plus grande chaîne de télévision ukrainienne ; créé de nombreux films et séries TV ; et prêté sa voix à l'ours Paddington dans les films, les comédies musicales et les dessins animés. Il avait un succès phénoménal. On le voyait partout.

Zelensky fit également très bonne figure dans les compétitions de danse en couple auxquelles il participa. Il arrivait sur la piste de danse vêtu d'une tenue disco en soie rose clair ou avec un T-shirt de macho ou un panama et un costume à fines rayures comme ceux que portaient les gangsters dans les années 1930 ; enchaînait les mouvements avec sa partenaire ; et déchaînait les clameurs du public. En 2006 il a même remporté, avec sa partenaire, l'édition ukrainienne de *Danse avec les Stars*. Vous pouvez encore voir certaines de ses performances sur YouTube.

Dans l'humour de Zelensky, il y avait toujours une attaque frontale contre les politiciens corrompus et les injustices sociales. Il se moquait des influenceurs comme des stars de la période postsoviétique ou des oligarques et prenait pour cible presque tous les politiciens ukrainiens et même leurs animaux domestiques. Une des cibles des saillies humoristiques de Zelensky était un député radical du Parlement ukrainien qu'il représentait avec une fourche et qui essayait de se soustraire au service militaire. Dans un autre sketch, Zelensky imitait l'autruche domestique d'un Président ukrainien corrompu en fuite. Il ne s'en prenait pas qu'aux grands et aux puissants. Personne n'échappait à ses critiques – ou à ses moqueries. Les plus célèbres personnages de ses sketches étaient un policier, un pilote, un ivrogne et un mari jaloux.

L'humour de Zelensky s'adressait à un public populaire. Kvartal 95 faisait surtout dans la parodie et souvent dans l'humour grivois. Zelensky n'avait pas honte de ses plaisanteries sous la ceinture, comme la célèbre scène dans laquelle il fait semblant de jouer du piano avec son pénis ou avec son personnage de policier gay qui abuse de son pouvoir avec les automobilistes. Il utilisait tout ce que les téléspectateurs de l'ère postsoviétique trouvaient drôle.

Au début, Kvartal 95 invitait des guest stars, souvent originaires de Moscou, pour jouer avec sa troupe. C'était la formule gagnante pour plaire aux téléspectateurs ukrainiens au début des années 2000 mais après l'annexion de la Crimée par la Russie et la guerre au Donbass en 2014, le ton de Kvartal 95 changea et devint très patriotique. Il n'y avait désormais plus de place pour quoi que ce soit de russe, à l'exception de la satire acérée. Zelensky pouvait pardonner à Moscou son attitude condescendante et agressive à son égard, mais il ne leur pardonnerait certainement pas d'avoir cette même attitude envers l'Ukraine.

En écoutant les chansons interprétées par Zelensky et sa troupe à la fin de leur émission, le public avait généralement les larmes aux yeux et ressentait de l'amour pour leur patrie et de la fierté pour leur nationalité. Le public l'aimait pour son humour burlesque léger, mais souvent transgressif, et le panache et l'assurance avec lesquels lui et sa troupe de comédiens prenaient la défense de l'Ukraine.

Après 2014, Poutine est devenu, lui aussi, la cible des plaisanteries de Kvartal 95 : « En réalité, l'avenir de l'Ukraine ne dépend pas de l'Europe ou des États-Unis mais de si Alina Kabaeva a eu la migraine hier soir », déclara un célèbre membre de la troupe, une allusion à la maîtresse de Poutine, la gymnaste et femme politique Alina Kabaeva.

Et juste après cette réplique, on voyait Zelensky grimé en Kabaeva, tout de rose vêtue, en train de pester contre le Président russe parce qu'il était rentré tard. Poutine expliquait son retard à cause d'un entretien avec le ministre de la Défense, Sergei Shoigu, à propos de l'envoi de troupes en Crimée ukrainienne. Il tournait en dérision la bien connue campagne de désinformation de la Russie après l'annexion de la péninsule ukrainienne en 2014 selon laquelle le Kremlin n'avait jamais envoyé de troupes russes en Crimée. Zelensky-Kabaeva lui répondait : « Ne mens pas ! Je regarde la télévision russe ! Il n'y a pas de troupes russes en Crimée ! »

Le public hurlait de rire.

Et avec cela, Zelensky dénonçait les *fake news* russes.

Kvartal 95 a fait de Zelensky une star. Mais elle lui a aussi donné l'occasion de devenir un leader et un manager et cela l'aida à réussir en politique. Lorsqu'il était un humoriste à succès, Zelensky était également régulièrement invité à donner des représentations privées – une source de revenus dans le secteur du divertissement – et cela lui a permis de rencontrer beaucoup d'individus proches du pouvoir, notamment des politiciens et des magnats. Il a pu côtoyer la classe politique ukrainienne d'abord en tant qu'humoriste mais, et c'est quelque chose dont on fait peu de cas et auquel on pense rarement, ces contacts lui ont offert un rare aperçu des hautes sphères politiques de l'Ukraine – les politiciens, régionaux et nationaux, les hommes d'affaires, les personnalités des médias et les analystes et beaucoup d'autres qui gravitaient dans l'espace politique ukrainien.

En 2016, Zelensky réfléchissait déjà à une carrière politique. *Serviteur du peuple*, sa série télévisée à succès, était diffusée depuis un an. Il y aurait une deuxième saison l'année suivante. Une troisième saison a été diffusée pendant la campagne présidentielle en 2019. Ces épisodes n'étaient pas que du divertissement ; c'étaient des commentaires de l'état des affaires en Ukraine qui apportaient une nouvelle vision du rôle du gouvernement dans la vie de la population. Lorsque Zelensky accéda à la présidence, les électeurs connaissaient donc déjà les idées de l'équipe de Kvartal 95 pour diriger un pays.

Mais il y a une grosse différence entre écrire le scénario d'une série télévisée et réformer le gouvernement d'une nation de quarante millions d'individus. Zelensky était parvenu à bâtir un empire. Cela ne faisait aucun doute. Il avait également été capable de surmonter beaucoup des obstacles hérités de l'ex-Union soviétique. Mais serait-il capable de transformer un pays ? Il était, certes, parvenu à bien assurer, à lui et sa famille, un confortable train de vie mais pouvait-il aider tous les Ukrainiens à faire de même ? Cela ne serait pas facile, surtout dans un pays comme le sien, qui était, comme je l'ai expliqué, pauvre et sous-développé.

Après son élection à la présidence en 2019, Zelensky tenta de s'attaquer au problème des bas niveaux de vie en apportant une stabilité macro-économique à l'Ukraine par l'entremise d'un ambitieux programme de réformes économiques. Des éléments pro-oligarques tentèrent de discréditer le premier gouvernement de Zelensky en taxant son programme économique de « sorosisme » et en tournant en dérision les efforts du premier Premier ministre du Président Zelensky, Oleksiy Honcharouk, un militant pro-occidental. Honcharouk et d'autres partisans des réformes économiques se virent affublés du surnom péjoratif « sorosenoks », un jeu de mots produit par l'amalgame du nom du milliardaire philanthrope George Soros et le mot « porosenoks[10] ». Le terme, créé par des théoriciens du complot à la solde des médias pro-oligarques, est entré dans le langage politique.

Honcharouk, le Premier ministre, avait la réputation d'être dur à la tâche et ambitieux. Malheureusement, il devint aussi très vite connu pour ses sautes d'humeur imprévisibles et l'énorme arrogance dont il faisait preuve sans aucune parcimonie au Parlement, une attitude qui lui valut quelques rebuffades bien méritées en retour. Néanmoins, son bref passage aux affaires fut une période de grande activité au cours de laquelle de nombreuses réformes furent proposées et promulguées. L'Ukraine devint connue, notamment en Occident, pour son « régime turbo » ; entre août et fin 2019, plus de 150 textes de loi furent votés pour abolir de nombreuses pratiques obsolètes héritées de la période soviétique et instaurer une économie de marché en Ukraine.

Les manières de technocrate d'Honcharouk rebutaient les gens. Ce travers l'empêchait de comprendre et d'avoir

10. « Porcelets » en ukrainien et en russe (NDT).

de l'empathie pour tous ceux qui connaissaient le type de pauvreté qui existait à cette époque dans plusieurs régions d'Ukraine. Son programme macro-économique aurait peut-être marché à long terme mais il n'a pas pu améliorer *immédiatement* la vie des individus dans le besoin.

Mais, en fin de compte, l'essentiel du mérite pour ces réformes revient au Président. C'était Zelensky qui, personnellement, supervisait chaque réforme, choisissait les projets et apportait quelques changements s'il estimait que le texte de loi ne serait pas voté dans sa forme initiale. Il a également enjoint le Parlement, dont la majorité des élus ne portaient pas Honcharouk dans leur cœur, de voter les textes de loi.

Les relations de Zelensky avec le Parlement montrèrent qu'il voulait adopter un comportement différent de celui de la plupart des chefs d'État. Il écoutait, il cherchait un consensus et il laissait les membres prendre leurs propres décisions.

Au début de sa présidence, le nouveau Parlement avait environ soixante-dix textes de loi prêts pour approbation. Deux des conseillers du Président pensaient qu'il fallait faire fi des règles parlementaires et obliger les députés à voter les textes de loi pendant la séance d'ouverture du Parlement. Ils auraient été votés, vu l'écrasante majorité dont disposait son parti. Mais deux autres conseillers lui recommandèrent de faire preuve de moins d'empressement parce qu'il y avait un danger que ces lois puissent être déclarées inconstitutionnelles plus tard. Zelensky réunit sa majorité et leur demanda un vote à main levée. Une majorité opta pour l'approche la plus lente.

« Vous avez voté pour la deuxième option. Je vais être honnête, je préférais l'autre », dit Zelensky aux législateurs. « Mais je soutiens votre décision. Je vous demande seulement de ne pas les laisser au frigo trop longtemps. Les électeurs nous ont élus pour être à leur service. La population a besoin de changements. »

Les débats durèrent plusieurs mois mais les textes de loi furent finalement votés.

Avec autant de textes de loi de réformes présentés devant le Parlement en 2019, l'avenir semblait plein d'espoir. Mais, malheureusement, l'année suivante se révéla beaucoup plus difficile sur de nombreux fronts. Et les luttes intestines et l'inexpérience de beaucoup de membres de l'équipe présidentielle commencèrent à laisser des traces.

Le cabinet du Président est un environnement stressant. Il y règne toujours une grande effervescence. Zelensky avale une quantité impressionnante de tasses de café et ne semble pas avoir besoin de beaucoup de sommeil. Se levant très tôt, il a l'habitude de passer des appels de travail entre 6 heures et 7 heures, pas seulement à son staff mais également aux députés, aux ministres et à d'autres hauts fonctionnaires et politiciens. Il m'envoyait souvent des textos à cette heure avec un lien vers un article en me demandant si ces informations étaient vraies, si cela allait poser un problème et, si c'était le cas, si nous avions une réponse. Zelensky lisait beaucoup d'articles, dans la presse locale et sur les réseaux sociaux. Sa garde rapprochée, notamment son chef de cabinet et sa secrétaire, disait souvent, en plaisantant, qu'ils allaient désinstaller certaines applications de son téléphone pour qu'il se disperse moins.

Il y a une chose à laquelle Zelensky ne déroge jamais. Il fait du sport tous les jours, où qu'il soit. Il saute sur un tapis de course ou fait une séance dans sa salle de gym chez lui ; pendant son premier voyage diplomatique à Bruxelles, il a répondu à une interview, assis sur un vélo d'appartement. À une époque, il enregistrait des messages vidéo sur son tapis de course. Au Donbass, un matin en 2021, il posta un selfie sur Instagram devant des barres parallèles laissées à l'abandon avec un titre bref pour indiquer où il se trouvait : « Avdiivka. Promka. Barres parallèles. Bonjour ! » Le plus souvent, Zelensky sort faire un jogging matinal.

Pour Zelensky, le sport est extrêmement important. En juin 2020, il a fait la promotion du lancement d'une campagne spéciale baptisée Zdorova Ukaïna[11] pour encourager la population à faire du sport et à adopter un style de vie

11. Ukraine en bonne santé (NDT).

sain. Cette initiative faisait partie d'un plus vaste programme gouvernemental pour améliorer la santé des Ukrainiens et rejoignait les efforts de sa femme Olena pour améliorer la qualité nutritive des repas servis dans les écoles d'Ukraine.

La nouvelle année, 2020, commença par une tragédie nationale. Le 8 janvier, nous avons appris qu'un avion ukrainien avait été abattu en Iran. Le service de presse a fait des heures supplémentaires pour informer la population de cette tragédie. Pendant cette crise, il m'est arrivé un jour de rentrer chez moi à 6 h 30 et de repartir au travail juste quelques heures plus tard à 9 h 30. Mais ce ne sont pas les heures interminables de travail qui m'ont épuisée ; c'était le souvenir constant de ces victimes innocentes : 167 passagers et 9 membres d'équipage, abattus par deux missiles à 6 h 14, heure iranienne, le 8 janvier. Il n'y a eu aucun survivant.

Plus tard, ce même mois, Zelensky, un des rares chefs d'État, si on excepte les dirigeants d'Israël, ayant des racines juives, s'est rendu dans ce pays pour rencontrer le Premier ministre Benjamin Netanyahu. Il devait assister à une commémoration à la mémoire des victimes de l'Holocauste à Yad Vashem sur le mont Herzl, à Jérusalem. Poutine et Zelensky étaient invités mais seul Poutine avait demandé à prendre la parole. Lorsque Zelensky l'a appris, il décida de ne pas assister à la cérémonie et donna ses billets à des victimes de l'Holocauste.

Mais il a été très touché par l'initiative d'un groupe de rabbins qui l'invita, à la place, dans la vieille ville de Jérusalem pour prier pour la paix devant le mur ouest (le mur des Lamentations), le lieu le plus sain du judaïsme. Cela signifiait bien évidemment beaucoup pour lui et il fut honoré de leur accueil. Il a insisté pour que les noms de tous les rabbins qui l'avaient invité figurent dans notre communiqué de presse à propos de cette manifestation. Zelensky évoque rarement en public, voire jamais, sa religion. Je pense que c'est sa façon de montrer que la religion était un sujet qui relève de l'intime et qui ne doit pas être utilisé à des fins politiques. De nombreuses religions cohabitent en Ukraine, mais le christianisme est celle qui compte le plus d'adeptes. En n'en faisant pas des tonnes à propos de sa religion et en ne soutenant jamais un groupe au détriment d'un autre, Zelensky voulait surtout insister sur le fait que son pays accepte toutes les religions.

Peu après son retour de sa visite en Israël, nous entendîmes parler pour la première fois des dangers du coronavirus en Ukraine, des informations qui provoquèrent la soi-disant émeute de Novi Sanzhary. Début février 2020, l'Ukraine a aménagé un centre d'accueil dans le village de Novi Sanzhary – une commune au centre de l'Ukraine d'environ 8 000 habitants – pour placer en quarantaine plusieurs citoyens ukrainiens rapatriés de Chine. Effrayés par les informations sur le virus inconnu et par la désinformation au sujet de prétendues tentatives d'exterminer les Ukrainiens, les habitants de la région manifestèrent de façon violente contre l'initiative du gouvernement. Armés de tout ce qui leur était tombé sous la main, des hommes et des femmes se rendirent à la rencontre des rapatriés. Ces derniers furent accueillis par des pierres – ainsi que par des insultes haineuses – à leur arrivée en bus. Ces images choquèrent le monde et donnèrent une image déplorable de l'Ukraine.

Honcharouk, le Premier ministre, se rendit sur les lieux de l'affrontement. Il ignorait de toute évidence ce qu'il devait faire. Avant son arrivée, le problème était géré par les membres des forces de l'ordre dépêchées sur place et Arsen Avakov, le ministre de l'Intérieur qui était en poste depuis sept ans. Le Premier ministre organisa une réunion devant les caméras pendant laquelle il sortit un stylo et on le vit prendre des notes en écoutant les rapports qui étaient lus à voix haute. Il s'agissait d'une mise en scène pour donner l'impression qu'il contrôlait la situation. Mais il ne regarda jamais les membres des forces de l'ordre dans les yeux et ne posa aucune question pendant la présentation de leurs rapports. La vidéo de la scène donna une impression terrible d'un Premier ministre enfermé dans sa tour d'ivoire et incapable de proposer une solution.

Quelques jours plus tard, le Président Zelensky demanda à la ministre de la Santé de l'époque, Zoryana

Skaletska, si elle accepterait de rester en quarantaine dans le centre d'accueil pendant deux semaines avec les rapatriés de Chine. Ce qu'elle fit. Ce geste permit de calmer les manifestants et, deux semaines plus tard, Zelensky se rendit sur place pour accueillir le groupe en personne. Cela aida, bien sûr, qu'après les deux semaines de quarantaine, aucun de ces rapatriés de Chine n'avait contracté le COVID-19.

Peu de temps après l'incident à Novi Sanzhary, Honcharouk afficha la même attitude lorsque le Président le convoqua pour discuter des dangers du coronavirus et des propositions du gouvernement pour lutter contre ce fléau. Au cours de leur réunion, devant les caméras, Honcharouk prit de nouveau des notes et ne leva presque jamais les yeux vers le Président. Une attitude ridicule qui le faisait ressembler à un brillant élève qui a commis quelque infraction, une image qui ne cadre pas vraiment avec celle d'un Premier ministre de l'Ukraine.

Il devint très vite évident en Ukraine – comme dans de nombreuses autres parties du monde – que le gouvernement était terriblement mal préparé pour gérer la pandémie. Alors que plus personne n'avait le moindre doute quant à la dangerosité du COVID-19, notre gouvernement fut incapable de stopper l'exportation des masques qui avaient déjà été fabriqués en Ukraine, vers d'autres pays, laissant de nombreux Ukrainiens sans protection.

Honcharouk se révéla incapable de concevoir un plan concerté pour gérer la crise.

Le manque de tests, de masques et même de laboratoires pour effectuer des analyses précises était effrayant, surtout que tout le monde connaissait, avant la pandémie, la fragilité du système de santé en Ukraine qui avait été négligé par les gouvernements précédents et qui était également gangrené par la corruption.

Au milieu de cette crise, moins d'un an après sa prise de fonction, Andriy Bohdan, le premier chef de cabinet du Président – en charge de l'agenda de ce dernier – quitta son poste et Andriy Yermak lui succéda. Le départ de Bohdan fut suivi peu après par la démission du Premier ministre Honcharouk et l'annonce du nom de son successeur, Denys Shmyhal, et d'un remaniement ministériel complet. À la fin de la première année de sa présidence, Zelensky fit remarquer : « Il n'y a plus “personne qui fait juste son boulot” dans la nouvelle équipe. Nous devons tous être des hommes d'État. »

Au milieu de cette succession interminable de crises, la démission du premier gouvernement ne semblait pas être une grande perte par le pays, du moins pour moi. Mais ces changements en février et en mars 2020 provoquèrent une tempête de réactions négatives, surtout des partenaires internationaux de l'Ukraine. Zelensky, malheureusement, choisit de ne pas y répondre. Le manque d'explications ne fit qu'empirer les choses. Mais Zelensky avait une règle importante qui peut expliquer son silence : il ne présenterait jamais d'excuses à quiconque. En tant que dirigeant politique, il lui restait encore à apprendre la différence entre des excuses et des explications.

Zelensky n'a jamais caché qu'il avait du mal à se séparer de ses plus proches collaborateurs, les membres de sa garde très rapprochée. Mais malgré sa loyauté, il a dû s'adapter aux réalités politiques. Le manque de personnes possédant l'expertise et l'expérience nécessaires était un des plus gros problèmes de Zelensky. Il s'appuyait, en grande partie, sur sa garde rapprochée et leurs contacts personnels pour attribuer les postes. Mais cela n'était pas suffisant.

Le départ d'Honcharouk, en particulier, a surpris et perturbé beaucoup de gens. La plupart d'entre eux trouvaient qu'il avait bien mené la barque des réformes et avait été congédié à cause de la fuite d'un malencontreux enregistrement dans lequel on entendait Honcharouk parler avec condescendance des connaissances en économie du Président Zelensky et de façon critique sur la façon de gouverner de ce dernier. « Zelensky a une compréhension très primaire, en d'autres termes, simpliste, des mécanismes économiques », entendait-on dire Honcharouk. « Si le Président n'a pas de réponses immédiates à cette question, un espace vide se forme dans lequel il peut avoir n'importe quelle putain d'idée à propos de l'emprunt obligataire d'État […] Cela lui vient à l'esprit uniquement parce qu'il n'y connaît rien. » (Ce qui m'a le plus amusée dans les remarques de Honcharouk c'est qu'il n'avait, lui non plus, aucune formation en politique monétaire. Plusieurs mois auparavant, il avait été incapable de m'expliquer les raisons de l'inflation, en plaidant pour sa défense qu'il n'était pas économiste.)

Son passage aux affaires se termina aussi vite que son entrée en fonction, lorsqu'il était arrivé au siège du gouvernement en trottinette. Mais le départ de Honcharouk n'était pas dû qu'à ses attitudes cavalières. Loin s'en faut. Tout d'abord, il n'avait pas une assez grande expérience des institutions. Il n'est pas facile de passer du statut de militant politique à celui de Premier ministre d'un pays de quarante millions d'âmes quand on n'a aucune expérience de la bureaucratie gouvernementale. Il ne savait pas quoi faire dans les situations critiques ; il parlait beaucoup, mais il avait une connaissance très limitée du fonctionnement du système politique.

Fin mars, le COVID-19 faisant rage, le gouvernement décida d'imposer, pour la première fois, un confinement national qui dura plus de deux mois. Mais Zelensky refusa de déclarer l'état d'urgence parce qu'il voulait laisser le temps aux agriculteurs d'ensemencer leurs champs. Le premier confinement fut crucial ; il offrit au pays une chance de contenir la première vague d'infections et de préparer ses infrastructures médicales. Alors que les morts du coronavirus se comptaient, chaque jour, en milliers dans les pays occidentaux, les Ukrainiens restaient assis chez eux et s'inquiétaient de leurs pertes financières. Le gouvernement achetait des équipements de protection individuelle et demandait de l'argent auprès de la communauté internationale pour survivre à la crise. Mais à notre crédit, nous avons eu une augmentation assez faible du nombre de cas jusqu'à mi-juillet 2020.

Tous les jours, le gouvernement se réunissait, en ligne, pour écouter les rapports du Premier ministre Shmyhal, du ministre de la Santé, des forces de l'ordre et du Conseil de la Sécurité nationale et de la Défense. Tous les jours, nous cherchions presque désespérément des moyens de sortir de la crise.

Les villages ukrainiens n'avaient pas accès aux services de consultations externes et dans de nombreuses villes, il y avait des hôpitaux qui n'avaient pas été rénovés depuis des décennies. Nous devions faire face à une pénurie de matériel essentiel, notamment de pansements et de seringues. Les médecins travaillaient 24 heures sur 24 et même sans protection, au début. Les autorités semblaient impuissantes. Le problème au niveau des tests de COVID-19 était typique du niveau déplorable de préparation : une personne pouvait attendre sept à dix jours les résultats d'un test qui avait une forte probabilité de ne pas être fiable. Le ministre de la Santé n'a jamais mis en place un système pour collecter des statistiques fidèles et fiables parce qu'on ne lui a jamais transmis le chiffre de patients guéris. Ma tante, dans la région reculée de Kherson, n'aurait pas su quoi faire si elle avait soudain eu besoin d'une des ambulances qui ne s'aventurent jamais jusqu'à son village reculé.

Mais cette crise a eu des aspects positifs. Au début de l'épidémie, l'Ukraine ne pouvait effectuer que deux cents tests par jour ; en été, nous en faisions déjà 50 000. À la fin de l'année, l'Ukraine avait doublé le nombre de places dans les services de réanimation qui s'élevait, à présent, à 54 000. Et le gouvernement a rouvert des laboratoires publics et lancé les travaux pour la construction d'un nouveau grand centre de recherche pour pouvoir bientôt fabriquer des vaccins.

En dépit de nos succès, le COVID-19 fit naître un sentiment de désespoir dans le pays à cause de l'économie qui était en état de choc. Alors que le gouvernement continuait de proposer au Parlement les réformes nécessaires – notamment un vote crucial fin mars pour lever le moratoire sur l'achat et la vente de terres agricoles en Ukraine qui, jusque-là, ne pouvaient être transmises que par héritage et une nouvelle loi bancaire conçue pour limiter l'influence des oligarques sur les banques qui a enfin débloqué l'aide financière du FMI dont nous avions terriblement besoin –, ses efforts pour réformer de fond en comble les institutions du pays étaient au point mort.

Le 25 septembre 2020, une deuxième tragédie nationale majeure nous frappa. Cette fois, c'est un avion de transport militaire, un AN-26, qui s'écrasa près de la base aérienne de Tchouhouïv[12], en Ukraine, pendant un vol d'entraînement. Vingt-six des vingt-sept personnes à bord périrent, sept instructeurs et dix-neuf cadets. Le Président Zelensky rendit visite au seul survivant, un cadet. Le lendemain, il mit en place une commission pour enquêter sur les circonstances de l'accident. Il annonça ensuite un programme d'aide aux familles des victimes et décréta un jour de deuil national mais cette catastrophe, de concert avec l'augmentation des cas de COVID-19, nous plongea encore plus dans la déprime. Nous étions sous le choc.

Malgré tout cela, les élections municipales et régionales étaient toujours prévues en octobre pour élire les maires, les chefs de villages et des communautés territoriales ainsi que les représentants des conseils d'arrondissement.

La pandémie était devenue un énorme problème pour les dirigeants des oblasts. C'est eux qui supportaient le plus gros de la colère de la population à cause des restrictions imposées par le gouvernement national pour endiguer la propagation du virus. Les autorités locales

12. Prononciation « Tchouguive » (NDT).

comprirent très vite que le risque d'encourir l'ire de leurs électeurs pourrait bien être supérieur à ceux présentés par le virus lui-même. Après le premier confinement au printemps, plusieurs autorités locales se mirent à autoriser des rassemblements de masse en violation des consignes du gouvernement. Tout d'un coup, en pleine pandémie, on vit certaines villes autoriser des concerts, des restaurants continuer de servir des repas et des boîtes de nuit et d'autres lieux de divertissement ouvrir leurs portes pour capter la manne financière apportée par le tourisme.

Le maire de Tcherkassy, le centre administratif au centre de l'Ukraine, tenta de faire campagne sur son opposition à Zelensky. Il y avait également des tensions avec les maires de Dnipro, la mégalopole de l'est du pays et d'Odessa, la station balnéaire du sud. Lorsque Zelensky arriva pour faire campagne, il fut accueilli par des manifestations qui n'avaient rien de spontané. Même chose à Lviv, une ville à l'ouest du pays, une destination très prisée des touristes, qui avait soutenu le prédécesseur de Zelensky, Petro Porochenko.

Les politiciens locaux étaient en colère contre le nouveau gouvernement parce qu'ils voulaient plus d'attention et de soutien, parce que le gouvernement était nouveau et qu'ils avaient l'habitude de l'ancien et parce que la pandémie continuait de perturber leurs vies. Aucun d'eux n'était un farouche partisan du parti de Zelensky, « Serviteur du peuple », qui avait remporté, haut la main, les élections de 2019. Leurs problèmes qui s'aggravaient et qui étaient en suspens, parfois depuis plus de dix ans, alimentaient la colère et l'opposition. Et cela n'aidait pas que les nouveaux candidats, souvent très jeunes et inexpérimentés, n'avaient pas beaucoup de solutions concrètes à proposer. Les régions se révoltaient et manifestaient, en se servant des ressources administratives et des médias pour exprimer leur colère, animés par un sentiment croissant d'injustice.

Le premier chef adjoint du cabinet, Serhii Trofimov, en charge de la politique régionale, ne s'était pas montré d'une grande efficacité à sa tâche. Il était sincèrement persuadé qu'il faisait tout ce qui était possible pour résoudre les problèmes. Mais ceux-ci se multipliaient. Pendant les réunions, chaque fois que le nombre de cas de COVID-19 augmentait encore et que les régions protestaient contre les mesures prises par le gouvernement pour lutter contre la pandémie en autorisant plusieurs manifestations de masse de divertissement, Zelensky se tournait vers celui qu'il avait nommé à ce poste et lui demandait ce qui se passait. L'explication de Trofimov, un ancien producteur de Kvartal 95 et un homme taciturne par nature, tenait en général en deux mots. « Je sais », sans jamais donner le moindre détail. Parfois il se montrait encore plus laconique et ne répondait que par un seul mot : « Dessus ».

Zelensky contracta le COVID-19 mi-novembre, pendant une période d'augmentation du nombre de cas en

Ukraine. Il observa sa période de quarantaine à l'hôpital Feofania, au sud de Kiyv. Il eut un peu de fièvre mais rien de plus. Les messages de soutien affluèrent du monde entier. Dans un élan de sollicitude, de nombreux rabbins juifs envoyèrent des prières pour sa guérison. Je recevais des vidéos dans lesquelles ils s'étaient filmés en train de prier d'Israël, de Belgique, de France, de Dubaï et d'Ukraine que je transmettais au Président à l'hôpital. En temps normal, Zelensky ne répond aux textos que s'il s'agit de questions politiques d'importance, mais il a répondu à tous ces messages.

Les résultats des élections locales étaient fascinants. Le parti de Zelensky arriva en tête ; aux élections municipales, en revanche, les maires sortants gardèrent leur poste. Les Ukrainiens font tellement confiance aux maires sortants qu'ils ne prennent même pas la peine de lire le programme des autres candidats.

La palme dans ces élections revient au maire de Kharkiv, une ville de l'est du pays avec une population supérieure à un million d'habitants qui a été dévastée et détruite par l'invasion russe en 2022. Hennadiy Kernes a été réélu en 2020 pour la troisième fois en obtenant plus de 60 % des suffrages, très loin devant tous les autres candidats, sans apparaître une seule fois en public parce qu'il était gravement malade. Kernes décéda peu de temps après sa victoire, héritant de façon posthume du titre de « maire fantôme ». Il était hors de question d'organiser une nouvelle élection. En vertu de la loi, le secrétaire du conseil municipal lui succéda et le Parlement a dû fixer une date pour une élection anticipée. Selon les experts, l'annonce d'une nouvelle élection pour désigner le maire pouvait être repoussée pendant des années. Elle fut finalement fixée au 31 octobre 2021.

Même s'il n'a pas réussi à faire élire le moindre maire de son parti, le Président Zelensky était le grand vainqueur de ces élections. Il avait analysé, très tôt, la situation de façon pragmatique. Il se doutait que son parti ne serait pas capable de déloger politiquement ces dirigeants. Il avait donc, pendant les interviews d'avant élection, fixé des objectifs modestes pour les élections municipales à son jeune parti et s'était concentré à faire élire des représentants dans les conseils d'arrondissement. Le parti Serviteur du peuple arriva en tête et fit élire plus de membres dans les conseils d'arrondissement et d'autres représentants que tous les autres partis, environ six mille en tout.

Pourquoi dis-je qu'il s'agit du succès de Zelensky et pas du nôtre ? Parce que c'est la vérité. Tous les politiciens et les représentants locaux ont bénéficié du travail et de la popularité d'une seule personne : Zelensky. Ce n'était pas un secret. Sauf peut-être pour quelques politiciens fraîchement élus convaincus de ne devoir leur succès qu'à eux-mêmes. Mais dans l'ensemble, tout le monde en était conscient.

« Nous sommes tous dans le même bateau. Mais je leur ai donné l'aviron avec lequel ils rament », déclara Zelensky un jour. Je suis incapable de trouver une formule plus claire que cette citation. Même ceux qui n'étaient pas des partisans de Zelensky comprenaient pourquoi il était devenu Président.

Fin 2020, il n'y avait pas un seul politicien en Ukraine capable de rivaliser avec Zelensky en termes de popularité.

CHAPITRE 3

Ma vie avant le 3 juin 2019

Les Ukrainiens ont beaucoup de mal à parler d'eux. Dans notre partie du monde c'est en fait souvent considéré comme un signe de narcissisme ou, pire, un acte subversif. C'est l'enseignement qu'a reçu pendant des décennies ma génération, celle qui a grandi dans l'Ukraine postsoviétique qui était toujours sous l'influence des valeurs de l'URSS bien que l'Union soviétique ait disparu depuis longtemps. La personnalité ou l'individualisme avaient peu d'importance. L'Ukraine n'est indépendante que depuis trente ans alors qu'elle a été une des républiques de l'Union soviétique pendant presque soixante-dix ans et personne n'a encore réfléchi à l'importance psychologique de ce fait, du moins pas encore. Personne ne nous a appris, en Ukraine, à être un individu, à avoir une personnalité ni à être nous-mêmes.

Aux États-Unis et en Europe, on apprend aux élèves à rédiger des lettres de motivation qui revêtent une grande importance dans ces pays. Impossible d'entrer à l'université ou de remporter le moindre concours sans rédiger une lettre de motivation. D'ailleurs, la plupart des offres d'emploi exigent une lettre de motivation manuscrite. Vous devez vous présenter ; dresser la liste de vos compétences, de vos aptitudes et expliquer pourquoi vous êtes le candidat idéal pour l'emploi auquel vous postulez ; et ajouter quelques mots sur votre style de leadership et vos qualités personnelles et professionnelles.

Je me souviens que les premières lettres de motivation que j'ai rédigées ressemblaient à d'atroces messages d'autopromotion. Il m'a fallu longtemps pour apprendre à accepter que je ne faisais qu'évoquer ce que j'avais accompli. Mais pour faire cela, j'ai dû m'affranchir du manque de confiance en moi qui s'était développé pendant les années que j'avais passées dans un environnement postsoviétique.

J'ai très souvent rencontré des Ukrainiens qui sont souvent plus forts sur les plans personnel ou professionnel que des individus originaires d'autres pays. Pourtant, même si un Ukrainien possède une maîtrise suffisante de l'anglais pour suivre un atelier professionnel aux États-Unis ou dans l'UE, il lui manque souvent le plus important : la compréhension de la mentalité occidentale et comment expliquer qu'il, ou elle, et le meilleur candidat pour un stage.

Nous avons fait preuve d'étroitesse d'esprit pendant tellement longtemps et on nous a enseigné que l'Occident était le mal pendant tellement longtemps que certains Ukrainiens appartenant aux plus anciennes générations appelaient, par réflexe, les États-Unis « l'ennemi », que l'URSS nous avait appris à craindre. Mais après l'invasion en 2022, même eux ont compris que c'était la Russie le véritable ennemi.

Voilà l'environnement dans lequel j'ai grandi. La peur, l'obéissance, la monotonie – mais c'était quelque chose que de façon innée et intuitive je ne pouvais pas accepter.

J'ai grandi à Kherson, une ville du sud du pays d'environ 300 000 habitants. C'est la seule région qui soit à proximité de deux mers, la mer Noire et la mer d'Azov. Lorsque j'étais enfant, on m'a souvent fait grimper dans de vieux autobus crasseux pour m'emmener à la plage.

Je vais vous confier le secret le plus important de mon enfance. On trouve, à Kherson, les plus succulentes tartes qu'on puisse imaginer. Elles coûtent trois fois rien parce qu'elles sont fabriquées dans l'usine d'une entreprise publique et commercialisées essentiellement dans les services publics : hôpitaux et écoles. Elles sont vraiment délicieuses. Je vous conseille d'aller faire un tour dans l'hôpital régional dans lequel travaillent ma mère et mon père et d'en acheter cinq.

J'avais prévu de me rendre à Kherson au printemps 2022, avec la ferme intention de faire goûter ces tartes à Pavlo, mon fiancé, pour lui faire découvrir une partie de mon enfance. Lorsque j'étais petite, je suis tombée très malade. Je refusais d'avaler quoi que ce soit. Par hasard, mes parents sont tombés sur ces tartes et pendant toute ma maladie, ce sont les seuls aliments que j'ai mangés.

Mais au printemps 2022, la région de Kherson était occupée par les Russes. Je ne savais pas si je reverrais un jour mes parents et les membres de ma famille ou si je pourrais leur présenter Pavlo.

La production de tartes s'est arrêtée et, soudain, nous avions de toute urgence besoin de demander de l'aide humanitaire à l'étranger, notamment des vivres et des médicaments pour la ville. Les Russes refusaient de laisser entrer quoi que ce soit à Kherson : aucun médicament, aucun vivre, pas même le substitut de lait maternel. Il n'était possible d'acheminer ces produits de première nécessité que par ce qu'en ukrainien, nous appelons des « méthodes de voleurs ». C'est comme cela que nous avons tenté d'acheminer les cargaisons de tout ce que nous pouvions. Tous les jours je recevais des messages de mes parents dans lesquels ils me disaient qu'ils n'avaient plus de vivres et que mon père devait faire des kilomètres de queue dès 6 heures pour aller chercher du beurre. Des queues qui rappelaient à mes parents l'époque où nous faisions partie de l'Union soviétique. Personne ne pouvait croire que cela recommence.

Pavlo s'est rendu sur la ligne de front dans la région autour de Kherson pour essayer de faire quelque chose, pour aider à libérer la ville. Je lui ai dit, en plaisantant : « Tu es si impatient que ça de rencontrer ta belle-mère ? » Il m'a répondu : « Je veux te rendre la ville où tu as grandi comme cadeau de mariage. » Nous avons ri et pleuré en même temps. La guerre engendre tellement de souffrances.

C'est à Kherson que j'ai appris mes premiers mots, c'est là que j'ai appris à aimer la langue ukrainienne. C'est là que j'ai appris à travailler dur si je voulais faire quelque chose de ma vie.

Je me souviens avoir eu une enfance agréable même si je n'avais pas beaucoup d'amis. Je souffrais d'un déficit d'amour-propre parce que j'étais la seule enfant à l'école dont l'ukrainien était la langue maternelle ; au début je ne comprenais pas le russe. Mes trois dernières années d'école ont été un cycle sans fin d'études et d'épreuves de plus en plus difficiles dans les olympiades scolaires de langue et littérature ukrainiennes. Ces victoires m'ont ensuite permis d'entrer à l'université.

J'ai aussi étudié l'anglais. Je me souviens des trajets à pied avec ma mère en fin d'après-midi dans la pénombre et la neige jusqu'à la salle des enseignants, à l'école, pour y recevoir un cours particulier. Emmitouflée dans mon écharpe, je soufflais sur mon nez gelé pour le réchauffer en me plaignant tout du long de la longue marche qu'elle m'infligeait pour rejoindre mon enseignant d'anglais. Ma mère a donné tout l'argent qu'elle avait pour ces cours – au début des années 1990, ils coûtaient un montant incroyable de 140 hryvnias de l'heure, environ 5 euros. Mais ils duraient une heure et demie, ce que je n'appréciais pas vraiment enfant. Mon enseignant trouvait que j'étais douée et me faisait une rallonge. Il nous arrivait de manquer d'argent. Ma mère faisait du troc ou s'endettait pour que je puisse continuer d'étudier. Ce n'est qu'aujourd'hui, à l'âge adulte, que je comprends l'importance que mes parents accordaient à mes cours d'anglais. Je pense que ma mère était persuadée au plus profond de son âme que cela me permettrait de me marier avec un étranger.

Malgré nos ressources financières très limitées, je suis allée dans la meilleure université du pays. L'enseignement supérieur en Ukraine est encore essentiellement gratuit. Grâce à mes résultats élevés aux multiples épreuves des olympiades et mon niveau comparativement élevé en anglais, ma candidature a été acceptée. Huit ans plus tard, j'ai soutenu ma thèse de doctorat en poésie moderne ukrainienne.

J'ai du mal à évaluer l'influence de toutes ces années d'études sur ma carrière professionnelle. Mais j'ai lu Kant et Nietzsche avec un grand intérêt et grâce à beaucoup de lectures personnelles, j'ai appris beaucoup plus sur la vie que dans les listes d'ouvrages dépassés ou les conversations avec des professeurs dont beaucoup avaient l'esprit embrumé par un ou deux verres de l'eau-de-vie locale.

Pendant mes études doctorales, j'ai soumis une communication à un colloque universitaire organisé à l'université Charles de Prague, en République tchèque, auquel j'ai été invitée à participer. Je n'étais encore jamais sortie d'Ukraine. Tout dans ma vie, à cette époque, plaidait contre ce voyage.

À commencer par le coût du voyage qui engloutirait presque toutes mes économies. Parce que je résidais officiellement à Kherson, la ville dans laquelle j'ai grandi, j'ai dû me rendre dans la ville de Donetsk, à l'est du pays (un trajet d'environ huit cents kilomètres), pour obtenir un visa, alors que je résidais, à l'époque, à Kyiv où la République tchèque possède un consulat. Et mes parents qui avaient peur que je m'évanouisse au beau milieu de l'Europe si je me rendais à ce colloque.

Je me souviens de l'enthousiasme et du ravissement presque enfantin qui m'ont envahie lorsque j'ai reçu l'invitation au colloque. J'avais hâte d'annoncer la nouvelle à mon professeur. Il a souri à travers sa moustache et m'a congédiée d'un geste de la main qui ressemblait beaucoup à celui qu'on fait pour chasser une mouche qui vole trop près de notre tête : fiche le camp, pour reprendre ses termes.

Je trouvais cela insensé. Je pensais qu'une communication dans une des plus célèbres et plus respectées universités d'Europe et la publication d'un article universitaire dans un journal avec comité de rédaction devaient avoir un certain poids. Mais apparemment, pas pour mon professeur ukrainien. Les règlements de l'ère postsoviétique suivaient une tout autre logique : ils stipulaient que seules les publications dans une revue universitaire ukrainienne entérinée par la Haute Commission d'Attestation (VAK) avaient de la valeur.

« Je le publierai à l'université Charles ! » ai-je déclaré et je me suis préparée pour le colloque. Mais mon département avait à peine plus de considération pour ce colloque que pour une excursion scolaire. Mais j'ai retenu la leçon. À la fin de mon troisième cycle, j'avais publié trois fois plus d'articles dans des revues universitaires bénéficiant de l'aval de la VAK que l'exigeait le règlement. Et je n'ai assisté à aucun autre colloque universitaire à l'étranger dans mon domaine d'étude.

Ce n'est que plus tard, pendant ma dernière année de troisième cycle, en 2012, que j'ai découvert la pratique des pots-de-vin très répandue dans le système éducatif ukrainien. Je n'avais jamais versé de pot-de-vin à quiconque jusqu'au moment de soutenir ma thèse de doctorat. Lorsque je me suis plainte que mon professeur refusait de lire ma thèse depuis plus de trois semaines et que la date limite approchait à grands pas, les collègues de son département m'ont expliqué que je devais lui verser un pot-de-vin.

Et j'ai regardé mon estimé professeur de littérature moderne ukrainienne feuilleter les pages. Mon visage est devenu rouge de honte mais je n'oublierai jamais ce qu'il a dit lorsqu'il a trouvé ce qu'il cherchait : « Tout y est. Vous avez fait du bon travail. » J'ai découvert, par la suite, que mon humiliante expérience de soutenance de doctorat dans la meilleure université d'Ukraine, l'université nationale Taras Shevchenko de Kyiv, une institution reconnue dans le monde entier, n'était pas, loin s'en faut, un cas unique, comme je vous l'expliquerai un peu plus loin dans ce chapitre. Pour cette raison mais pas seulement, j'ai préféré, après avoir obtenu mon doctorat en 2012, ne pas devenir universitaire.

Pendant mon troisième cycle, pour subvenir à mes dépenses, j'ai décroché un emploi sur une des plus grandes chaînes de télévision d'Ukraine. J'ai débuté comme correctrice sur la matinale. J'ai ensuite lentement grimpé les échelons pour devenir une correspondante qui tenait la route. Je considère, encore aujourd'hui, ce journal télévisé comme ma véritable université. Je n'y ai été soumise à aucune censure et je suis reconnaissante pour tout le soutien bienveillant que la salle de rédaction m'a apporté. J'étais heureuse d'y passer plusieurs mois sans prendre le moindre jour de congé. Je voulais vraiment apprendre le métier de journaliste de télévision. Lorsque quelqu'un me demande pourquoi j'ai choisi de travailler dans ce secteur, ma réponse est toute prête : enfant, j'ai souvent entendu ma grand-mère dire que les gens les plus intelligents travaillaient à la télévision.

En 2014, après la révolution de la Dignité, l'Ukraine a commencé à changer. De nouveaux traumatismes sont venus se greffer aux anciens non guéris de la période postsoviétique. La Fédération de Russie viola les traités précédents en annexant par la force la péninsule ukrainienne de Crimée puis en envahissant la partie orientale de l'Ukraine, la région connue sous le nom de Donbass. La perte de territoires a, certes, été traumatisante mais pas autant que le conflit permanent, déclenché par l'invasion, dans les oblasts de l'est du pays avec tous les maux qui l'accompagnent : la blessure ou la mort d'êtres chers, le déplacement des populations, la destruction, un flot incessant de souffrances pour des millions de familles et les destins brisés. La tristesse et le désespoir nous ont envahis. Mais dans le même temps, ces traumatismes partagés ont galvanisé tous les Ukrainiens, ils nous ont aidés à affronter les attaques, à en arrêter certaines et à défendre notre pays. La guerre nous a changés. Elle a révélé nos idéaux et nos talents.

J'ai également compris que je devais élargir mes horizons. Pendant la révolution de 2014, j'ai eu l'occasion de travailler avec un journaliste américain pour une chaîne de télévision étrangère et j'ai constaté que le journalisme occidental est très différent du journalisme plan-plan ukrainien. J'ai commencé à étudier la presse américaine et à lire ce qu'ils écrivaient sur l'Ukraine. Je me suis ensuite rendue en Moldavie pour voir les effets des réformes calquées sur les réformes européennes qui avaient été instaurées dans ce pays. La Moldavie avait son « Donbass », baptisé Transnistrie, un territoire dans lequel la Russie avait déclenché un conflit militaire similaire en utilisant le même type de guerre hybride et avait transformé une partie de la Moldavie en une zone grise au centre de l'Europe. Avec un cameraman de télévision, nous nous y sommes rendus illégalement. Nous avons été effarés par la désolation qui y régnait et aussi par le nombre d'agents du KGB que nous avons croisés.

Un peu plus tard, pendant cette même année 2014, j'ai décroché une place dans le programme de journalisme portant le nom de l'ancien Président polonais, Lech Wałęsa. Pas uniquement grâce à mes diplômes universitaires : l'intérêt de l'Occident pour les Ukrainiens s'était accru après la révolution de la Dignité. En tout cas, cela m'a permis de passer deux semaines à Gdańsk, la ville où le premier syndicat polonais, Solidarność, dirigé par Wałęsa, a lancé la lutte pour l'indépendance de la Pologne, à la fin des années 1980. C'est la première chance qui m'était offerte d'échanger des tuyaux avec beaucoup de journalistes étrangers ; c'était également une chance d'améliorer mon anglais. J'ai compris que j'avais encore de nombreuses choses à apprendre pour devenir une bonne journaliste.

Pendant ce programme, j'ai pu réaliser une brève mais très sérieuse interview exclusive de Wałęsa pour la chaîne de télévision ukrainienne pour laquelle je travaillais. Wałęsa a eu des mots extrêmement importants pour l'Ukraine : il nous a apporté son soutien et il a répété plusieurs fois que nous ne devions pas baisser les bras, que notre révolution signifiait beaucoup pour le monde. Et, surtout, il était reconnaissant envers l'Ukraine d'avoir stoppé la terrible invasion russe du Donbass en 2014. Je ne connais pas l'opinion des autres Polonais mais fin 2014, les habitants de Gdańsk trouvaient que l'Ukraine avait été héroïque. Lorsque nous les croisions dans les rues, même les travailleurs lambda des chantiers navals nous serraient la main, un geste de soutien sincère par-delà les frontières nationales.

C'était le dernier voyage que j'ai effectué pour la chaîne de télévision sur laquelle j'ai travaillé six ans et demi. Bien que mes patrons se soient toujours montrés très bons envers moi, je savais que le mieux qu'ils pouvaient m'offrir ne me suffirait bientôt plus. Je savais qu'il était temps de passer à autre chose. Entre 2014 et 2017, j'ai travaillé pour plusieurs chaînes de télévision, en gravissant lentement les échelons professionnels.

Je n'ai jamais vraiment été une carriériste. J'essayais simplement de faire du mieux que je pouvais dans tous les boulots que je faisais et de saisir la moindre chance d'apprendre le plus possible. Mes patrons semblaient apprécier cette attitude. J'ai encore changé de travail plusieurs fois entre 2014 et 2019. Pas parce que j'avais la bougeotte mais je cherchais un emploi qui me satisfaisait le plus et qui me correspondrait le plus, en termes de valeurs et d'environnement de travail.

Mais ce ne fut pas un long fleuve tranquille. J'ai d'abord présenté une petite émission d'enquêtes pendant six mois sur une nouvelle chaîne de télévision qui était soi-disant indépendante. Mais à ma surprise je me suis retrouvée confrontée à la censure et de la « contre-propagande » primaire de la part de la chaîne qui appartenait à un membre du parti politique de Porochenko, le Président ukrainien à cette date. Et j'ai de nouveau eu de la chance. J'ai décroché une des meilleures opportunités de ma vie sous la forme d'une bourse d'études. Le World Press Institute, une prestigieuse institution, créée en 1961 et dont le siège se trouve à Saint Paul, dans le Minnesota, offrait un programme d'études de neuf semaines et le voyage aux États-Unis. J'étais la première journaliste ukrainienne à obtenir une bourse d'études dans ce programme. Le programme acceptait chaque année un candidat originaire d'un pays de l'ex-Union soviétique mais cela avait presque toujours été un Russe. Mais, là encore, en partie à cause de l'intérêt considérable vis-à-vis de l'Ukraine à cette époque, j'ai été sélectionnée parmi quatorze candidats ukrainiens.

Le programme invitait un groupe de dix journalistes étrangers aux États-Unis. Il leur faisait visiter onze États et faire la tournée des plus grandes salles de rédaction, des organisations de la société civile et des agences gouvernementales. J'ai visité la Maison-Blanche et l'Assemblée générale de l'ONU. Et les bureaux du *New York Times*, du *Washington Post*, du *Wall Street Journal*, de *Politico*, du *Los Angeles Times* et de beaucoup d'autres journaux. C'est là que j'ai aussi découvert le mouvement Black Lives Matter sur lequel j'ai écrit un article moins d'un an plus tard. Pendant mon séjour aux États-Unis, j'ai également fait quelques piges en freelance en direct depuis l'Assemblée générale de l'ONU à New York pour une autre nouvelle chaîne de télévision ukrainienne : onze piges en deux jours et demi. Je me souviens bien de ce séjour. En 2016, je trouvais cela encore très excitant.

Après mon retour en Ukraine, cette même chaîne de télévision m'a offert un emploi à plein temps pour couvrir l'Union européenne à Bruxelles. En toute honnêteté, cela n'avait rien de mirifique : un faible salaire (environ 14 000 hryvnias mensuelles, environ 500 euros) et je ne voyais pas beaucoup de perspectives d'avancement. Mais j'avais besoin d'un travail et travailler pour une chaîne de télévision indépendante, non censurée disposant d'un matériel de pointe était ma meilleure option. J'ai donc accepté l'offre. Nous diffusions nos interventions en direct grâce à nos téléphones et nous transportions le matériel pour les réaliser dans de petits sacs à dos bleus.

Je ne travaillais sur cette chaîne que depuis quelques mois mais avec déjà huit années d'expérience, je m'y suis très vite sentie comme une « vieille » professionnelle. Et, en fait, je ne suis jamais arrivée à Bruxelles parce que j'ai d'abord dû subir une opération chirurgicale urgente puis je me suis cassé la jambe. C'était comme si le destin me disait que ce n'était pas un travail pour moi. Sans compter qu'après le programme du World Press Institute, je me sentais quelque peu à l'étroit dans le carcan du journalisme politique national et des informations locales, comme les reportages sur le déneigement ou démentir une rumeur quant à l'interdiction de procéder à des contrôles d'alcoolémie sur les conducteurs de bus. J'ai donc décidé d'essayer de travailler en freelance pendant mon temps libre pour des médias étrangers.

Avant mon retour en Ukraine, j'avais déjà pitché quelques idées à des organes de presse étrangers. Une d'elles, sur le syndrome de stress post-traumatique dont souffraient les anciens combattants ukrainiens qui avaient servi au Donbass, a été retenue par Vice News. Avec l'équipe de Vice News, j'ai donc réalisé un documentaire sur les conséquences de la guerre au Donbass et ses répercussions sur tous les habitants qui y avaient combattu ou qui avaient fui la région. Il a été distribué dans le monde entier et a reçu beaucoup d'attention.

Après cela, j'ai publié un article relatant mes expériences avec la corruption dans les universités ukrainiennes. J'avais raconté à un professeur que j'ai rencontré aux États-Unis comment fonctionnait le système de pots-de-vin au niveau du doctorat et comment cette corruption gangrenait notre système éducatif. Il m'avait écoutée et m'avait demandé : « Pourquoi ne faites-vous pas un article sur le sujet ? Vous êtes journaliste ! »

Je n'ai pas su quoi répondre à une question aussi simple et aussi logique. J'avais essayé d'écrire sur le sujet en 2012, lorsque j'étais encore en troisième cycle. Mais, à cette époque, le pays était dirigé par Viktor Ianoukovytch, le Président le plus corrompu de l'Histoire de l'Ukraine et mes efforts étaient restés vains. En 2014, après la révolution de la Dignité, Ianoukovytch s'est exilé en Russie. Sa demeure a été transformée en un musée de la corruption.

Mais nous étions désormais en 2016, une tout autre époque où la lutte contre la corruption, mise en place avec l'aide d'institutions occidentales, gagnait du terrain en Ukraine. La mafia de Ianoukovytch avait quitté le pays et tout le monde pouvait respirer plus librement. Nous devions tous faire quelque chose pour construire le pays dans lequel nous voulions vivre. « Tout le monde sait que le système éducatif ukrainien est corrompu », m'avait dit le professeur. « Mais personne ne sait comment fonctionne cette corruption. Cette histoire intéressera le monde entier. »

L'article a demandé environ deux mois de recherches et j'ai découvert des choses intéressantes. Alors que les frais d'inscription dans l'enseignement supérieur étaient très abordables en Ukraine – en moyenne moins de 28 000 hryvnias par an, environ 1 000 euros – le versement de pots-de-vin était monnaie courante. Une étudiante de Marioupol, dans l'est de l'Ukraine, m'a raconté qu'elle avait versé un montant impensable en pots-de-vin pendant ses quatre années de doctorat. Elle a versé à son directeur de thèse 1 000 dollars pour le remercier d'avoir encadré son travail. Elle a versé la même somme à un autre professeur pour réviser son manuscrit bien que cela fasse partie de ses attributions. C'était le sort de presque tous les étudiants ukrainiens : Victoria, une étudiante de l'institut de journalisme de mon université, savait qu'elle ne réussirait pas sa troisième année si elle ne versait pas environ 8 400 hryvnias, environ 300 euros, à son professeur. Katya, en fac de médecine, sautait des repas pour économiser les 1 400 hryvnias, environ 50 euros, dont elle avait besoin à chaque partiel pendant le semestre. Plusieurs garçons originaires de Kharkiv savaient qu'ils n'avaient pas les moyens d'acheter leurs diplômes et décidèrent de ne pas se présenter à leur session d'examens.

Pour cet article, je suis retournée dans mon université sans une carte d'étudiant mais grâce à quelques vieilles ruses et quelles belles paroles, j'ai réussi à convaincre le personnel de sécurité de me laisser entrer. J'ai arpenté les couloirs que je connaissais bien aux murs desquels étaient accrochés les portraits encadrés des professeurs de l'université, dont la plupart faisaient partie de mon jury de thèse. Ils ressemblaient beaucoup à ceux des membres du parti communiste nord-coréen. Tous les employés de l'université, à de rares exceptions, étaient un membre de la famille ou un ami de quelqu'un qui y occupait un poste haut placé. Le directeur de mon institut accepta d'employer une femme qui venait d'avoir un enfant et qui ne voulait pas d'un travail mais qui voulait bien un salaire. Un petit service entre amis.

Pour comprendre l'étendue de ce problème, il faut connaître la taille du système éducatif ukrainien. Il était trop gigantesque pour prospérer par des moyens légaux. En 2016, il y avait 664 établissements d'enseignement supérieur en Ukraine – 260 universités de plus qu'en Allemagne alors que la population ukrainienne était deux fois inférieure. Un chiffre qui n'incluait pas les 139 universités que le ministère de l'Éducation et des Sciences (MON[13])

13. Ministerstvo Osvity i Nauky en ukrainien (NDT).

avait fermées un an plus tôt à la suite de la révocation de leur accréditation. Il était difficile de croire que quiconque parvienne à changer ce système tant que les professeurs-parrains à la tête des départements seraient en place. Mais on ne pourra les déloger que lorsque les pots-de-vin, une source importante de leurs revenus, auront disparu.

Robert Orttung, de l'université George Washington, est un expert sur les systèmes de corruption dans les ex-républiques soviétiques. Il a sillonné l'Ukraine pendant deux mois avec une équipe de chercheurs, au cours desquels il a demandé aux individus lambda dans quels secteurs ils étaient le plus souvent confrontés à la corruption. Il m'a dit que l'éducation arrivait en troisième position sur cette liste après le système de soins et la police. « Si on rencontre autant de corruption dans le secteur de l'éducation, c'est tout simplement parce que les professeurs et les enseignants perçoivent souvent de faibles salaires et ont donc besoin d'un revenu supplémentaire », m'écrivit Orttung dans un mail. « Ils doivent prélever de l'argent où ils peuvent pour survivre et cela revient fondamentalement à exiger des pots-de-vin… Il vaudrait mieux pour tout le monde pouvoir rendre le système plus officiel et plus transparent, de façon qu'au lieu de payer des pots-de-vin, les gens paient des impôts et l'État pourra financer ces services », ajouta Orttung. « Bien sûr, peu de gens veulent payer des impôts parce qu'ils ne font pas confiance à l'État pour fournir des services de qualité ».

Mais après la révolution, la lutte contre la corruption dans les universités était au point mort. Mettre fin au système des pots-de-vin dans l'enseignement supérieur n'entrait manifestement pas dans les priorités du gouvernement. Le MON organisa des conférences sur la responsabilité civile et exigea que les professeurs mettent en place des commissions de lutte contre la corruption pour faire le ménage au sein de leurs départements. Les résultats parlent d'eux-mêmes : en 2016, le MON a examiné un seul cas de corruption. Un professeur d'université a été accusé d'avoir accepté un pot-de-vin de 2 800 hryvnias, environ 100 euros. Il a été condamné avec sursis et s'est vu infliger une mise à l'épreuve de deux ans.

Mon article a été publié dans *Politico Europe*. Pendant les vingt-quatre heures qui suivirent sa publication, j'avais l'impression de ne plus pouvoir respirer. Je venais juste de révéler au monde une de mes plus douloureuses expériences. En réaction à l'article, j'ai reçu des centaines de messages de soutien et de gratitude et même quelques menaces.

Les choses n'en sont pas restées là. L'article que j'avais rédigé a été repris dans les médias nationaux ukrainiens et est remonté jusqu'au MON. Plusieurs députés demandèrent au Parlement de lancer une enquête et mon université a été sommée de répondre à cet article. L'université a choisi de le faire devant les tribunaux pour faire croire qu'il s'agissait d'un cas isolé, une simple querelle entre une ancienne étudiante et un enseignant. On a dit à mon professeur qu'il serait renvoyé s'il n'acceptait pas de m'intenter un procès pour « retrouver son honneur et sa dignité ». Il a donc obéi. Selon les documents du tribunal, il réclamait 3 350 hryvnias, environ 120 euros : 2 235 hryvnias, environ 80 euros, pour rembourser ses frais de justice et les 1 115 hryvnias restantes, environ 40 euros, le montant auquel il évaluait son honneur et sa dignité. Il remporta le procès mais j'ai fait appel du verdict qui fut finalement invalidé – quatre ans et demi plus tard. J'étais fière d'avoir lutté et gagné parce que nous devons tous lutter pour nos valeurs par tous les moyens dont nous disposons.

À cette époque, mon emploi à la télévision ne m'offrait aucune perspective d'avancement. Je commençais à broyer du noir. J'ai commencé à réfléchir sérieusement à ce que je voulais vraiment faire. J'avais presque trente ans. J'aimais travailler à la télévision mais sans plus. J'ai donc fait ce que tout bon membre de la génération Y ferait : je me suis fait tatouer et j'ai donné ma démission.

Ce n'est qu'après cela que j'ai pris ma vie en main.

J'ai rédigé un CV en anglais et j'ai postulé pour plusieurs postes de correspondant étranger à Kyiv et pour un bref atelier de journalisme à l'université de Yale. Malgré plusieurs séjours à l'étranger, j'avais encore des doutes sur mon niveau d'anglais. Certes, il était meilleur qu'en 2014, mais toujours pas assez professionnel. J'ai donc commencé à lire des textes en anglais à voix haute, à discuter avec des amis étrangers et à me poser des questions devant un miroir.

C'est là que j'ai pris quelques décisions importantes vis-à-vis de ma carrière. J'ai compris que je devais choisir ce que je voulais faire, m'investir et faire quelques choix avisés. J'étais consciente que j'aurais dû poursuivre ces objectifs auparavant mais je pensais que je pouvais apprendre sur le tas.

J'ai postulé et j'ai été acceptée à Thread, l'atelier de mise en récit de quatre jours de l'université de Yale réservé aux journalistes professionnels travaillant dans différents médias – presse, vidéo, podcast, photographie et d'autres formes hybrides – financé par la Yale Journalism Initiative. Malheureusement, il n'offrait pas de bourse. Peu de gens aux États-Unis croiraient qu'une journaliste internationale puisse avoir des difficultés à réunir 2 000 dollars pour payer les frais d'inscription mais pour moi ce n'était pas si facile. J'avais un peu moins de 84 000 hryvnias, environ 3 000 dollars, d'économies dont une partie en liquide, fruit de la vente de ma voiture. C'était le montant dont j'avais besoin pour payer les cours, acheter un billet pour les États-Unis et m'y loger pendant quelques jours.

Je ne savais pas quoi faire. Je suis restée assise un long moment avec les doigts au-dessus du clavier : si j'appuyais sur le bouton et payais pour le cours, je ne pourrais plus faire machine arrière. Cela allait à l'encontre de toutes les lois de la logique. Ma famille et mes amis étaient contre eux aussi. Une personne qui se retrouve au chômage qui dépense toutes ses économies pour suivre une formation peut sembler de la folie. J'en étais consciente.

Mais il y avait d'autres facteurs qu'il me semblait important de prendre en compte. J'étais une adulte avec des amis et des contacts, avec beaucoup d'expérience et une réputation établie. Dans le pire des cas, je pouvais toujours reprendre mon dernier boulot à la télé mais pourrais-je être acceptée dans ce même cours la prochaine fois ? En appuyant sur le bouton, je tuais toutes mes peurs « soviétiques » et je faisais confiance à l'univers. Le cours ne commençait que dans quelques semaines. D'ici là, tant de choses pouvaient se produire. Et c'est ce qui est arrivé.

Avant de partir pour suivre l'atelier de mise en récit à Yale, on m'a proposé un emploi au Comité international de la Croix-Rouge (CICR). Pour préparer pour mon entretien d'embauche, j'avais consulté toutes les pages du Web de cet organisme et appris sa terminologie. J'avais également lu un tas d'articles sur Wikipédia et je m'étais familiarisée avec le droit international sous l'égide duquel le CICR opère. Le directeur du service de communication m'a félicitée pour mon anglais et les autres membres de l'équipe semblaient amicaux et accueillants. L'occasion de travailler avec une organisation internationale sur des projets permettant de venir en aide à des civils dans une zone de guerre m'apportait une certaine satisfaction. Mais je n'ai pas pu me résoudre à signer le contrat pendant cet entretien le vendredi. Ils m'ont laissé deux jours de réflexion et nous avons convenu d'un nouvel entretien lundi.

Je quittais les bureaux de la Croix-Rouge ce vendredi et je me dirigeais vers le métro pour rentrer chez moi lorsque j'ai reçu un message Facebook d'une femme que je ne connaissais pas. Elle se présenta comme la directrice du service international d'une des plus grandes chaînes de télévision ukrainiennes et me proposa un travail de correspondant étranger. J'avais vraiment du mal à croire que cette chaîne n'avait pas encore un journaliste pour couvrir les campagnes présidentielles de Donald Trump et d'Hillary Clinton, mais c'était pourtant le cas. J'ai rencontré le directeur de la chaîne le samedi et j'ai accepté le poste le dimanche. J'ai passé un mois et demi aux États-Unis. J'ai trouvé un logement dans la région de Pentagon City et je me suis rendue à New York, dans l'Ohio et à Philadelphie pour couvrir les événements politiques. En septembre, je suis rentrée à Kyiv pour travailler sur la chaîne de télévision.

Le lendemain de mon trentième anniversaire, quelques jours après mon retour au bercail, le bâtiment abritant la chaîne de télévision fut ravagé par un incendie volontaire et notre service international réduit en cendres. Ma collègue Liuda, une jeune femme de vingt-deux ans, originaire de l'ouest de l'Ukraine, une région connue pour son patriotisme, préparait un texte sur le sommet du G20 lorsque qu'une vingtaine d'hommes vêtus d'uniformes ressemblant à ceux que portent les militaires entrèrent par la porte du bâtiment. Ils avaient apporté des pneus, le symbole de la révolution de la Dignité, que des groupes de nationalistes d'extrême droite et des provocateurs utilisaient désormais à divers desseins, essentiellement pour discréditer les valeurs de la révolution sur les chaînes de télévision russes et dépeindre l'Ukraine comme un pays qui fourmillait d'extrémistes violents. Peut-être voulaient-ils donner l'impression que la capitale ukrainienne était le théâtre d'affrontements afin de discréditer le gouvernement qui avait déclaré vouloir un rapprochement avec l'Europe et demandé à rejoindre l'UE.

Je venais juste d'arriver avec l'équipe du soir. Au début, Liuda et moi n'avons pas pris au sérieux l'intrusion du groupe dans le bâtiment. J'ai filmé les hommes pendant quelques secondes – en guise de souvenir – et j'ai appelé le rédacteur pour lui dire que le texte sur lequel Liuda planchait était prêt. En guise de réponse, je l'ai entendu barrir « Fermez les fenêtres et les portes ! » avant de raccrocher.

Ce n'est qu'à cet instant que j'ai compris que les hommes avaient réellement envahi les locaux. Je suis sortie dans le couloir. Il était enfumé. J'ai vu deux types avec des masques respiratoires en train de descendre l'escalier en hurlant : « Il y a le feu ! Évacuez le bâtiment ! » Ce n'est que tard dans la soirée, après avoir discuté avec mes collègues, que je me suis souvenue que ces hommes ne portaient pas l'uniforme des pompiers. C'étaient les incendiaires.

Il nous a fallu quelques secondes pour prendre nos sacs et descendre les escaliers en courant. C'est là que j'ai cédé à la panique : les mêmes individus en uniformes pseudo-militaires bloquaient l'entrée et le bâtiment se remplissait de fumée. Je me disais que des individus capables d'incendier un bâtiment avec des gens à l'intérieur étaient également capables de s'en prendre physiquement à nous. Mais cette idée ne dura que quelques secondes : ils nous laissèrent sortir. Une quinzaine de minutes plus tard, les incendiaires quittèrent à leur tour le bâtiment en flammes. Une fumée épaisse s'élevait vers le ciel au-dessus des pneus incendiés.

À l'extérieur, les incendiaires organisèrent une sorte de commémoration : un individu déguisé en héros cosaque ukrainien de la Renaissance étreignait une jeune fille avec un bouquet de fleurs symbolisant l'Ukraine. Je ne comprends toujours pas ce que cette pantomime était censée signifier.

Ensuite, alors qu'on voyait les flammes sortir par les fenêtres, le Cosaque se mit à faire les cent pas d'avant en arrière en souriant et en fumant la pipe. À croire qu'il se prenait vraiment pour un grand patriote luttant contre l'empire russe. Mais il était plus probable qu'il appartienne à une bande de voyous rémunérés pour ce genre de démonstrations de force. Plusieurs personnes qui étaient encore à l'intérieur commencèrent à briser les fenêtres et à crier : « Il y a des gens ici ! Laissez-nous sortir ! » Il y avait soixante-dix personnes dans le bâtiment au moment de l'incendie. Vingt-cinq furent contraintes de fuir vers le toit où elles furent enfin secourues. Un journaliste se blessa au dos en s'extrayant du brasier, cinq ont été intoxiqués au monoxyde de carbone et plusieurs frôlèrent la mort ce jour-là. Presque tout le monde a souffert d'un traumatisme. Les dommages au studio TV furent estimés à 12 millions d'hryvnias, environ 430 000 euros.

L'attaque n'a jamais fait l'objet d'une enquête de la part des autorités et les six suspects qui furent appréhendés et accusés d'avoir incendié le bâtiment furent remis en liberté. Ce furent les journalistes, les rédacteurs, les cameramen et l'image de l'Ukraine qui en pâtirent le plus. Avec le recul, je pense que tout cela faisait partie d'une manipulation politique.

Je n'ai aucun mal à imaginer la lassitude des Ukrainiens lambda pas seulement vis-à-vis de la propagande du Kremlin, de l'occupation de la Crimée et de la guerre dans l'est du pays, mais aussi des tentatives incessantes des politiciens nationaux de faire passer les Ukrainiens pour une tribu sauvage, pas civilisée, s'exterminant cyniquement et brutalement les uns les autres.

J'ai travaillé sur la chaîne pendant quelques mois pendant lesquels j'ai couvert les élections dans plusieurs pays. En décembre, j'ai été envoyée à Bruxelles pour remplacer un autre correspondant. « Si tu veux faire rire Dieu aux éclats, raconte-lui tes projets », me suis-je dit en montant dans la voiture qui me conduisait à l'aéroport. Je n'avais pas pu me rendre à Bruxelles en tant que correspondante à l'étranger pour une chaîne de télévision au début de l'année et voilà que je m'y rendais en qualité de journaliste au cœur de l'Union européenne pour une autre chaîne à la fin de l'année.

Pendant que je me rendais à Bruxelles, un autre scandale éclata – cette fois de nature sexuelle. Un homme que je ne connaissais pas m'a envoyé un message obscène sur Facebook. Je me suis sentie outragée et humiliée. Sur sa page Facebook il se présentait comme un patriote militant, un mari et un père aimant. Son comportement était dégoûtant. J'ai fait une capture d'écran et je l'ai postée sur ma page en disant que puisqu'il trouvait normal d'écrire ce genre de choses à une femme qu'il ne connaissait pas, il ne verrait probablement aucun inconvénient à ce que je rende son message public à mon tour.

Je ne m'attendais pas aux milliers de reposts et aux discussions animées. Mais je suis heureuse que cela se soit produit. Cela montrait que la société ukrainienne était prête à en discuter ouvertement. Je suis persuadée que plus un pays est développé, plus on discute du sexisme et des inégalités de genre. Les gens argumentaient et discutaient, discutaient et argumentaient encore. On me demandait dans des messages ce que je pensais de leurs commentaires et des autres participants. Beaucoup ont envoyé des messages de soutien. J'ai aussi reçu pas mal de messages déplaisants. D'autres femmes à qui cet homme avait envoyé des messages sexuels du même acabit se sont manifestées. C'était une première, un petit incident #MeToo en Ukraine avant même la naissance du mouvement #MeToo.

Pour moi, l'année 2016 fut riche en enseignements. J'ai enfin été capable de reconnaître mes talents et la valeur de mes expériences passées. Le dernier jour de l'année, Carl Hanlon, le directeur de la communication pour l'Europe et l'Asie centrale à la Banque mondiale, m'a appelée. J'avais postulé pour un emploi de consultante en communication, spécialisée en communication numérique et diplomatique au sujet des réformes structurelles en Ukraine, comme les réformes des retraites, du système médical, de l'agriculture et la réforme anticorruption. Il m'annonça qu'il était prêt à me confier le poste de consultante. C'était un coup de fil que j'attendais depuis octobre, après quatre séries d'entretiens. J'attendais également de voir si le *New York Times*, avec lequel j'étais en pourparlers, me recontacterait. Pendant les deux années et demie qui suivirent, j'ai été consultante pour la Banque mondiale tout en travaillant en freelance pour le *Times*. Ce fut une période très gratifiante de ma vie pendant laquelle j'ai beaucoup appris.

J'ai pu contribuer à de nombreux articles du *New York Times*, dont quelques-uns sur des sujets plutôt sulfureux. Par exemple, le 20 mars 2017, un article intitulé « Paul Manafort, ancien responsable de campagne de Trump confronté à de nouvelles allégations en Ukraine ». Puis le 15 juillet 2017 : « Les sommes énormes versées par Manafort révèlent le côté obscur de la classe politique ukrainienne ». Un de mes préférés a été publié dans ce journal de référence le 15 septembre 2018 : « Comment un coiffeur ukrainien a servi de façade pour Paul Manafort ». Et le 1er mai 2019, un article enquêtant sur le potentiel conflit d'intérêts entre Joe Biden, lorsqu'il était vice-Président, et son fils Hunter Biden, qui appartenait au conseil d'administration d'une entreprise énergétique ukrainienne (« Joe Biden accusé de conflit d'intérêts par Trump et ses alliés »). Mais mes articles ne se limitaient pas à la politique. J'ai écrit des articles sur des abus sexuels dans l'armée ukrainienne, sur le fait que les grenades volées pendant la guerre au Donbass étaient de plus en plus utilisées dans les crimes domestiques et sur un service mémoriel commémorant l'Holodomor, la terrible famine qui frappa l'Ukraine en 1933.

Mais à la fin de cette période, j'étais prête pour quelque chose de nouveau. Le 3 mai 2019, à la fin de la journée, sur un coup de tête, j'ai décidé de postuler pour le poste d'attachée de presse du nouveau Président ukrainien, élu quelques jours plus tôt. Tout le monde parlait du concours pour le poste, annoncé par Zelensky en personne dans une vidéo sur sa page Facebook. Des collègues de la Banque mondiale m'avaient convaincue que ce serait un boulot génial pour moi. Mais vu les antécédents de l'Ukraine, je doutais que la compétition pour le poste d'attachée de presse soit ouverte à tous et impartiale. C'est donc avec une bonne dose de scepticisme que j'ai postulé.

J'ai envoyé mon CV le vendredi soir. J'ai appris au journal un peu plus tard ce soir-là qu'environ trois cents candidats avaient postulé. Je m'attendais, bien sûr, à ce que beaucoup de personnes, *mais pas autant*, veuillent travailler pour Zelensky. J'ai souri et je me suis dit qu'il valait mieux oublier espérer avoir une réponse.

Imaginez ma surprise lorsqu'un cabinet de recrutement, de chasseurs de têtes, m'a appelée le lendemain, le samedi après-midi, et m'a posé des questions sur mes qualifications, ma vision pour le pays, ma motivation et m'a demandé si j'étais prête à travailler vingt-quatre heures sur vingt-quatre. J'ai, bien sûr, répondu que j'étais prête à travailler vingt-quatre heures sur vingt-quatre et à partager mes connaissances avec une nouvelle équipe. J'ai donc franchi cette première étape. Dans la suivante, on m'a demandé de préparer un texte et une vidéo dans lesquels je devais adresser mes vœux aux Ukrainiens pour les Journées du souvenir et de la réconciliation en l'honneur des morts de la Seconde Guerre mondiale, les 8 et 9 mai, deux journées internationales de l'ONU célébrées en Europe. Pendant environ un mois, je n'ai pas eu de nouvelles. Je ne savais pas si j'avais fait du bon travail. Dans ma tête, j'avais dit au revoir à cette opportunité d'emploi. Mais le cabinet de recrutement a repris contact avec moi. Après l'investiture de Zelensky, le 20 mai 2019, j'ai été conviée à un entretien privé avec le Président.

Ce n'est qu'à ce moment que j'ai enfin dit à mes parents que j'avais postulé pour le poste. Je me suis vantée auprès de ma mère que le Président de notre pays viendrait à son bureau un samedi pour converser avec moi, une journaliste ukrainienne de Kherson. Je n'aurais jamais cru de ma vie qu'une telle chose puisse se produire. Je m'entends encore dire : « J'ai une chance puisque je suis arrivée jusque-là. Mais s'ils ne m'embauchent pas, j'écrirai dans mon journal intime que le Président ukrainien est venu travailler un samedi pour me faire passer un entretien. » Environ sept à huit personnes, dont le Président, m'ont soumise à un test de stress dans lequel ils jouaient le rôle de journalistes sangsues. J'ai dû leur répondre comme le ferait une attachée de presse. Mes interlocuteurs testèrent ma connaissance de l'actualité et de ce qui se passait dans le pays, mon sang-froid lorsque j'étais mise sous pression et me demandèrent ma position sur plusieurs sujets. Le Président, russophone, s'est adressé à moi en ukrainien et a également testé mon anglais.

Je me souviens très bien que Zelensky avait aimé ma réponse lorsqu'il s'était enquis de ma motivation : « Si quelqu'un dans ce pays, même quelqu'un issu d'un milieu modeste, peut devenir Président et si une fille issue, elle aussi, d'une famille disposant de ressources limitées et originaire d'une autre région, peut remporter le concours pour devenir son attachée de presse, c'est un exemple éclatant que l'ascenseur social fonctionne en Ukraine. Et n'est-ce pas là le rêve ukrainien de faire bouger les choses ensemble ? » J'ai été engagée. Les jours suivants, j'ai été présentée aux membres de l'équipe. Ma nomination au poste d'attachée de presse a été annoncée le 3 juin. Des rumeurs faisant état que je serais la prochaine attachée de presse circulaient sur les réseaux sociaux depuis une semaine. Certains journalistes essayèrent d'avoir une confirmation officielle, surtout ceux qui voulaient ce poste. Mais l'équipe du Président jugea qu'il n'était pas nécessaire d'en informer quiconque avant ma première conférence de presse. C'est donc sans tambour ni trompette que je me suis retrouvée, pour la première fois, face à des dizaines de caméras, des centaines de journalistes et beaucoup de questions. Pour la première fois, j'ai eu l'impression que tous les mots que je prononçais devenaient une information nationale. Les premiers retours des journalistes furent dans l'ensemble positifs. En revanche, ma page Wikipédia créée par je ne sais qui contenait plusieurs erreurs. Quelques jours plus tard, j'ai lu quelques-uns des nombreux autres articles qui m'étaient consacrés dans les médias. Mon préféré : « Attachée de presse de Zelensky : j'ai aussi été un "agent du Kremlin". »

CHAPITRE 4

L'équipe présidentielle

J'ai beaucoup de mal à me séparer des gens, beaucoup de mal.

—VOLODYMYR ZELENSKY

(INTERVIEW, INTERFAX-UKRAINE, 11 FÉVRIER 2020)

Il y a deux types d'individus en politique : ceux qui vous soutiennent pour vous permettre d'accéder au pouvoir, et ceux qui vous soutiennent parce que vous êtes au pouvoir. Les individus appartenant à cette deuxième catégorie sont beaucoup plus nombreux, si j'en juge par mon expérience. Je suppose qu'on trouve, dans tous les systèmes politiques, davantage de responsables fascinés par le pouvoir que leur confère leur fonction, que de ceux qui veulent être au service du peuple.

Le manque de personnel auquel Zelensky s'est trouvé confronté est l'un des plus gros problèmes qu'il a rencontrés pour gouverner. Il n'avait tout simplement pas assez de bras pour faire tourner l'administration publique. À l'instar de beaucoup de dirigeants qui accèdent à une fonction, il a amené dans ses bagages les personnes en qui il avait confiance, celles qui avaient participé à sa campagne électorale victorieuse. Bien sûr, beaucoup d'entre eux étaient les associés avec lesquels il avait fondé Kvartal 95 plusieurs décennies auparavant et les avocats, les producteurs et les comptables qui l'avaient aidé à bâtir son empire dans le divertissement. Certains membres du service de presse de Kvartal 95 ont rejoint le service de presse du Président. Au total, d'après le décompte effectué par les journalistes et les observateurs, il y avait dans l'équipe gouvernementale de Zelensky plus de trente personnes qui avaient occupé une fonction au sein de Kvartal 95 qui sont, par la suite, devenues députés, représentants du cabinet du Président ou directeurs d'agences gouvernementales, notamment le Service de Sécurité de l'Ukraine (SBU).

Zelensky était inquiet et un peu contrarié par les articles révélant qu'il avait donné un poste au gouvernement à ses employés qui lui reprochaient de faire preuve de népotisme. Mais trouver suffisamment d'individus compétents était un défi. En partie parce que Zelensky fut porté au pouvoir par un soutien populaire écrasant. Les cabinets de recrutement étaient incapables de recruter autant de personnel. Zelensky s'attendait à ce que son parti remporte environ 80 sièges sur les 450 que compte le Parlement. Il pensait créer une coalition avec de nouveaux visages pour instaurer une autre façon de faire de la politique sans la vieille garde. Mais le peuple ukrainien aspirait tellement au changement qu'il donna à Serviteur du peuple, le nouveau parti de Zelensky, 254 sièges au Parlement ; un résultat que son équipe n'aurait pas pu imaginer même dans le meilleur des scénarios. Il n'y avait qu'un nombre limité d'individus ayant déjà une expérience en politique pour occuper tous ces sièges : ceux qui avaient déjà occupé des fonctions non politiques dans de précédents gouvernements, les technocrates qui concevaient les réformes, les politiciens régionaux, les entrepreneurs et les journalistes.

Mais il restait encore 154 sièges à pourvoir. Raison pour laquelle on vit des photographes, des organisateurs de soirées et des gens issus des industries culturelles et créatives, appartenant, comme Zelensky, au secteur du divertissement, faire leur entrée au Parlement en tant que députés inscrits sur la liste du parti Serviteur du peuple. Ce parlement, dans son ensemble, était plus féminin que les précédents, 1 député sur 5 était une femme. Serviteur du peuple avait le plus de sièges. À ce titre, il fut le parti qui nomma le plus de femmes : 54 en tout. (Mais en termes de pourcentage, ce n'était pas Serviteur du peuple qui avait le pourcentage le plus élevé de femmes, avec seulement 21 %, comparés aux 45 % du nouveau parti politique, Holos[14] et aux 37,2 % de *Evropeiska Solidarnist*[15] le parti du Président sortant Petro Porochenko.)

Cet impressionnant élan démocratique permit à de vrais représentants du peuple d'accéder au pouvoir. Ces nouveaux représentants s'empressèrent de réformer le pays et d'incarner le nouveau visage de la politique ukrainienne. Mais la réalité politique se révéla beaucoup plus compliquée que dans la série télévisée *Serviteur du peuple*, dans laquelle le Président Zelensky-Holoborodko et sa bande d'amis faisaient du si bon boulot à la tête d'un pays fictif.

Ces députés novices durent apprendre non seulement à gouverner et à moderniser des lois qui contenaient encore beaucoup de règles démodées héritées de l'ère soviétique, mais également à remporter les joutes politiques. Ils commirent de nombreuses erreurs et se firent éreinter par les médias. Ils suscitèrent pas mal de méfiance et de malentendus et subirent les attaques des forces politiques externes ; les oligarques tentèrent de les coopter et d'éroder la majorité de Zelensky pour obliger le parti Serviteur du peuple à former une coalition avec un autre groupe parlementaire et rendre ainsi plus compliquée la mise en place des réformes du Président. Leur manque d'expérience politique était plus que criant.

14. Voix (NDT).

15. Solidarité européenne (NDT).

Mais malgré les inévitables faux pas pendant leurs premiers jours au pouvoir, la nouvelle machine politique se mit au travail : de nombreuses réformes furent votées – plus de 150 textes de loi pendant les premiers mois. Les textes de loi affluaient et le parti Serviteur du peuple émergeait clairement comme une nouvelle force politique qu'il était impossible d'ignorer. Mais c'était également une époque tumultueuse. Le groupe parlementaire Serviteur du peuple a dû expulser certains de ses membres qui s'étaient livrés à des intrigues politiques ou qui s'étaient rapprochés de la vieille élite politique.

Le député Oleksandr Dubinsky en fut l'exemple le plus célèbre. Cette expulsion marqua un virage très important. Les résultats des élections ukrainiennes de 2019 n'avaient pas encore été proclamés que Dubinsky s'évertuait déjà à fragiliser les efforts du Président et de son parti en faisant circuler des théories du complot sur le Fonds monétaire international (FMI) qui mirent le gouvernement dans une position délicate parce qu'il dépendait des aides financières du FMI. Dubinsky avait, certes, rejoint le groupe Serviteur du peuple, mais c'était un proche de l'oligarque Ihor Kolomoysky qui commençait à réexercer son influence dans la politique ukrainienne. Kolomoïsky semblait, entre autres choses, en désaccord avec la direction pro-européenne que prenait le pays.

Ce furent les sanctions prises, en janvier 2021, à l'encontre de Dubinsky, et d'Andriy Derkach, par les États-Unis, pour soupçons d'ingérence dans les élections américaines qui scellèrent son sort. Dubinsky avait assisté à plusieurs réunions, organisées par Derkach, avec Rudy Giuliani, l'envoyé du Président Trump. Il est de notoriété publique que Giuliani a tenté d'influencer l'élection présidentielle américaine de 2020 en obligeant le gouvernement ukrainien à annoncer qu'il menait une enquête sur le fils de Joe Biden à cause de sa présence au conseil d'administration de Burisma, une entreprise gazière ukrainienne.

À l'annonce des sanctions américaines, Zelensky demanda à Dubinsky de démissionner du parti. Devant son refus, le groupe parlementaire vota son exclusion à la majorité. Grâce à cette confrontation avec Dubinsky, une puissante figure politique à cause de ses liens avec Kolomoïsky, Zelensky et le groupe Serviteur du peuple montrèrent sans ambiguïté qu'ils ne toléreraient pas ce genre d'ingérence dans les affaires gouvernementales. C'était une décision courageuse et cela rassura la communauté internationale en lui montrant que la vieille façon de faire de la politique n'était plus de mise en Ukraine.

J'ai poussé un soupir de soulagement après l'éviction de Dubinsky parce que je voyais qu'il était néfaste pour le pays. Mais il est probable qu'il n'était qu'un homme de paille, aux ordres d'un tiers à la demande duquel il avait fait circuler plusieurs théories complotistes sur le FMI ou rencontré Giuliani. Il se comportait comme si, pour lui, la politique n'était pas un sacerdoce pour améliorer le sort de la population mais une occupation qui lui permettait de favoriser les intérêts d'un client. C'était souvent comme cela que les membres de la classe politique ukrainienne parvenaient à mettre de côté un joli petit pactole parce qu'exaucer ce genre de « requêtes » émanant de groupes industriels influents était une activité très lucrative.

Sur de nombreux plans, les relations construites par Zelensky avec son équipe politique n'étaient pas sans rappeler celles qu'il avait établies avec celle de Kvartal 95 lorsqu'ils produisaient la série *Serviteur du peuple*. Zelensky cherchait des individus honnêtes et loyaux, animés du désir de réformer le pays. Mais dans le monde réel, les décisions politiques étaient autrement plus compliquées que celles abordées dans une série télévisée. Il était également beaucoup plus difficile de diriger des politiciens que des acteurs sans compter que, bien souvent, les scénarios ne prenaient pas la direction voulue par Zelensky. La politique était encore plus tributaire du facteur humain qu'un plateau de tournage. Et il n'y avait pas le même niveau d'obéissance au metteur en scène.

Après son accession à la présidence, Zelensky a très vite mesuré le niveau d'hypocrisie qui régnait dans la politique ukrainienne et la façon dont ses membres utilisaient leur position politique à des fins d'enrichissement personnel. Un jour, par exemple, plusieurs membres du Bureau national de lutte contre la corruption (NABU) firent irruption dans le cabinet du Président. Personne n'était au courant de leur venue. Ce bureau n'a pas pour habitude d'informer le gouvernement lorsqu'il procède à une arrestation. Ils venaient appréhender une haute fonctionnaire qui était déjà en poste bien avant l'élection de Zelensky. Elle avait promis à quelqu'un de lui trouver un emploi moyennant la somme de 8 500 000 hryvnias, un peu plus de 300 000 euros.

Plusieurs membres de l'équipe présidentielle furent, à leur tour, rattrapés par la patrouille. Un député de Serviteur du peuple, Serhiy Kuzminykh, qui jouissait d'une excellente réputation, aurait été pris la main dans le sac par le NABU en train d'accepter un pot-de-vin d'une valeur d'environ 560 000 hryvnias, un peu plus de 20 000 euros. Cette disgrâce fut particulièrement pénible pour Zelensky parce que le frère de Kuzminykh avait héroïquement défendu l'Ukraine au début de l'invasion russe au Donbass en 2014. Il y eut également l'affaire du député ivre, membre du parti du Président, qui provoqua un grave accident de voiture et utilisa ses relations politiques pour étouffer l'affaire. Ce député fut exclu du parti en 2022, peu avant l'invasion russe.

Zelensky a souvent essuyé des critiques à cause des déclarations et des initiatives de ceux qu'il avait fait entrer en politique. Certains d'entre eux furent par la suite démis de leurs fonctions ou contraints de démissionner. Le Président n'avait pas d'autre choix que de se séparer de ceux qui avaient trahi ses efforts et ses idéaux ou qui se révélaient incompétents mais cela lui coûtait. N'oubliez pas qu'il avait travaillé pendant des décennies avec une équipe d'une extraordinaire éthique professionnelle, des personnes qu'il avait lui-même recrutées pour Kvartal 95 et avec lesquelles il avait rencontré un succès phénoménal.

Mais dans ce nouvel environnement politique, il ne pouvait pas faire passer un entretien approfondi à tous les membres de son équipe comme il avait pu le faire par le passé. Tous ces événements fâcheux le contrarièrent. La moralité compte énormément pour Zelensky. C'est à l'aune de leur moralité qu'il juge ses contemporains. Il est extrêmement contrarié lorsque des gens se montrent déloyaux ou lorsque des membres du staff commettent des bévues en communication et s'exposent aux attaques des médias. Ces erreurs discréditent souvent les membres les plus brillants de son équipe. Mais il se montre très indulgent parce qu'il sait que, sauf quelques rares exceptions, la majorité de ses troupes est compétente et loyale. Zelensky veut être entouré d'idéalistes qui croient en l'Ukraine autant que lui.

Il faut noter que pas un seul membre de l'équipe de Zelensky ne fut épargné par ces attaques. Plus quelqu'un faisait du bon travail, plus on avait l'impression qu'il, ou elle, était diabolisé ou discrédité. Cela était en grande partie dû à l'effervescence de la scène médiatique et des importantes ressources dont elle dispose. Les leaders de l'opinion publique sont tous très suivis sur les réseaux sociaux et font tout ce qui est en leur pouvoir pour marquer des points et infliger des défaites à ceux qui dirigent le pays. Ces attaques ne visent même pas vraiment les membres de l'équipe présidentielle. Aucun de nous n'est une cible politique assez visible ou assez importante. C'est Zelensky qu'ils attaquent à travers nous. Ils essaient de bloquer ses réformes en discréditant son staff.

Après l'élection, beaucoup essayèrent, bien sûr, de conserver ou de se voir attribuer un poste dans la nouvelle équipe gouvernementale avec différents niveaux de succès. Tel membre du précédent gouvernement essayait de défendre sa réputation ; untel n'avait pas été autorisé à participer à l'attribution des postes et n'avait pas pu obtenir un poste à un ami ; et un autre se plaignait que son impressionnante expérience politique ait été ignorée. Il y a beaucoup de motifs de mécontentement en politique. Et lorsque vous tentez de mettre fin à un système aussi enraciné que celui de l'Ukraine, vous ferez beaucoup de mécontents qui ne se priveront pas de vous éreinter dans les médias.

Parfois, le simple fait d'avoir un poste haut placé suffit pour attirer la critique. Quelle meilleure illustration que le traitement infligé par la vieille garde au premier chef de cabinet de Zelensky, Andriy Bohdan. Lorsqu'il occupait la fonction de chef de cabinet du Président, il avait la réputation d'être l'individu le plus exécrable de la classe politique. Pendant tout son mandat, les médias réclamèrent à cor et à cri sa démission à cause de sa façon de diriger le cabinet. Il fut accusé de tous les péchés politiques et d'être un très mauvais communicant. Mais dès que Bohdan quitta sa fonction, les mêmes médias qui l'avaient diabolisé se mirent à le dépeindre sous un jour complètement différent. Ils en firent un héros qu'ils invitaient pour l'interviewer et buvaient littéralement ses paroles.

Malgré le manque de maîtrise des techniques de communication de Bohdan qui confinaient presque à la goujaterie, c'était un expert dans le domaine juridique. Il n'hésitait pas à s'attaquer à toutes les forces politiques et aux tribunaux corrompus. Il était manifeste qu'il était persuadé de l'emporter, au tribunal et en politique.

Le successeur de Bohdan, Andriy Yermak, avocat et producteur de films, était son parfait opposé. Yermak était toujours aux côtés du Président. Il l'accompagnait partout, dans toutes ses réunions, pendant les déplacements dans le pays et il faisait partie de toutes les délégations envoyées à l'étranger. Yermak est devenu le bras droit de Zelensky, sur lequel il s'appuie sans réserve. Au début, Yermak s'occupait des problèmes de politique étrangère en qualité de conseiller du Président Zelensky. Par la suite, en tant que chef de cabinet, il a également endossé de nombreuses fonctions en politique nationale tout en restant très impliqué dans les relations internationales. Avant le conflit de 2022, il était en charge des négociations avec Moscou. Mais après la brutale invasion russe en 2022, il ne prit plus aucune part aux négociations. Un nouveau groupe de négociateurs dirigés par Davyd Arakhamia, un politicien et chef du groupe parlementaire du parti de Zelensky, fut nommé. Mykhailo Podoliak, un conseiller de Yermak, mais en réalité, un proche de Zelensky, prit une part active dans ces négociations et c'est lui qui a obtenu beaucoup de résultats. Il était un des plus expérimentés dans l'équipe de Zelensky et un de ceux qui dévouaient leur vie à la construction de l'État. Mais Yermak continua de conseiller Zelensky sur la stratégie et les tactiques pour négocier un traité de paix.

Tous ceux qui ont vu les deux Andriy dans la même pièce vous diront qu'ils n'ont jamais vu deux êtres plus dissemblables. Dès qu'il apercevait Yermak, Bohdan se transformait en moulin à paroles qui braillait des propositions illogiques. Yermak, rouge de colère, ne pipait pas un mot mais pendant que sa bouche était au repos, son cerveau planifiait sa stratégie et son prochain coup. Yermak a intrigué pour prendre la place de Bohdan et il a fini par l'obtenir.

Zelensky apporta sa touche personnelle et beaucoup de méthodes de l'entreprise en politique ; sur de nombreux plans, il manage son équipe présidentielle de la même façon qu'il dirigeait Kvartal 95. Tout d'abord, c'est une bête de travail. Il recherche toujours l'efficacité maximale et à accomplir le maximum de choses. Pendant les voyages officiels à l'étranger, nous souffrions d'un déficit de sommeil chronique. La première année, avant que nous ayons adopté une méthode de travail éprouvée, je n'ai dormi que trois ou quatre heures par nuit. Il nous arrivait parfois de nous rendre dans trois pays dans la même journée pour glisser le maximum d'événements dans le temps imparti. Zelensky avait huit à dix réunions par jour, et parfois même davantage, et même avec un gros décalage horaire il nous arrivait parfois de nous mettre à travailler dès la descente de l'avion. Tout le monde ne pouvait pas tenir à un tel rythme mais cela changeait des précédents gouvernements dans lesquels les visites à l'étranger prenaient des allures de vacances et où un voyage d'une semaine ne comptait que quelques jours de travail officiel. (Un ami américain m'a raconté d'une voix indignée que le staff d'un de nos anciens Présidents s'était même alloué sur le programme officiel un arrêt à l'Apple Store pour acheter le dernier modèle d'iPhone.)

Zelensky, quant à lui, prenait ces voyages très au sérieux afin de dépenser le minimum d'argent tout en obtenant les meilleurs résultats. Et il exigeait la même chose des autres membres de son gouvernement. Il voulait signer les accords qui seraient les plus bénéfiques pour l'Ukraine, conclure les partenariats les plus intéressants et rencontrer les acteurs les plus influents sur les plans politique et économique pour défendre les intérêts de notre pays. Il comprenait que ce n'était qu'à ce prix que l'Ukraine pourrait devenir un partenaire compétitif méritant confiance et respect.

« Je me rends dans des pays étrangers pour signer des documents importants pour le pays. Je ne suis pas un voyageur politique. Les politiciens ne prennent pas l'avion aux frais du gouvernement pour le plaisir », annonça Zelensky en instaurant de nouvelles règles pour l'élite politique. Les politiciens ou les conseillers qui voulaient faire partie d'une délégation pour entretenir leur réseau de contacts à l'étranger, mais dont la présence n'était pas nécessaire pour ce déplacement officiel, devraient payer leurs billets.

Zelensky travaillait dur et il était tout aussi exigeant avec son staff. Sans surprise, seuls les plus dévoués, les plus résistants et les plus dynamiques étaient capables de supporter la pression. Beaucoup des ministres du gouvernement de Zelensky étaient sensiblement plus jeunes, ils appartenaient à la génération Y. Grâce aux progrès technologiques – ordinateurs, smartphones et Internet –, ils avaient l'habitude de communiquer et d'interagir avec le monde 24 heures sur 24. Et surtout, ils aimaient travailler pour le gouvernement et ne le considéraient pas comme un royaume de bureaucrates et d'intrigues politiques.

La création du ministère de la Transformation digitale et la mise en place d'applications numériques dans tous les ministères et les institutions gouvernementales était une idée de Zelensky. Bien sûr, une infrastructure technologique aussi innovante devait être dirigée par quelqu'un de la jeune génération. Lorsqu'il prit la tête, à vingt-huit ans, du ministère de la Transformation digitale pour bâtir toute l'infrastructure numérique du pays, Mykhailo[16] Fedorov devint le plus jeune ministre de l'histoire de l'Ukraine.

En les regardant travailler, j'ai pu constater que les jeunes ministres et les jeunes parlementaires étaient les preuves vivantes de la théorie de Joel Stein, un journaliste américain qui écrivait pour *Time Magazine* et le *Los Angeles Times*. Il explique pourquoi beaucoup de politiciens aguerris plus âgés se méfient de la génération Y : « La révolution de l'information a donné plus de pouvoir aux individus en leur offrant une technologie qui leur permet d'entrer en concurrence avec des grosses organisations : hackers contre entreprises, blogueurs contre journaux, terroristes contre États-nations, vidéastes YouTube contre studios, concepteurs d'applications contre secteurs entiers. La génération Y n'a pas besoin de nous. C'est pour cela qu'ils nous font peur », écrivit Stein dans son essai

16. Prononciation « Miraelo » (NDT).

pour *Time*, *Millenials: The Me Me Me Generation*[17], qui suscita maints débats en mai 2013.

C'était également vrai en politique. En plus de leur maîtrise de la technologie, la génération Y travaillait vite, jaugeait très bien leurs interlocuteurs et, chose que la vieille élite politique trouvait incompréhensible, était vraiment là pour améliorer la vie de leurs concitoyens. Ils faisaient très attention à ne pas viser trop haut sur le plan politique ou légal afin de mener à bien la tâche qui leur avait été confiée mais ils n'hésitaient pas à exercer, à bon escient, tous les pouvoirs qui leur avaient été octroyés afin de faire avancer leurs objectifs. On leur a dit qu'ils perdraient tout respect s'ils faisaient disparaître, numérisaient ou rendaient transparentes les organisations qui étaient connues pour être gangrenées par la corruption. On leur a dit qu'ils fragiliseraient leurs positions politiques s'ils ne courbaient pas l'échine devant les leaders politiques et les hommes d'affaires. Mais ils réagirent en écartant la vieille garde ou en s'attaquant directement au système politique ukrainien dysfonctionnel et corrompu. Ils n'étaient pas au gouvernement pour s'asseoir sur des fauteuils en cuir de l'ère soviétique et se tourner les pouces, mais pour obtenir des résultats.

Ils comprenaient qu'on ne pouvait rien attendre des agences au fonctionnement rigide qui n'avaient rien fait

---

17. *Génération Y : la génération moi moi moi* (NDT).

pendant trente ans pour remplir leur mission de lutter contre la corruption. Depuis leur prise de fonction, ces politiciens de la génération Y ont accru l'efficacité et numérisé tout ce qu'ils pouvaient et transféré les interminables formulaires ukrainiens dans une base de données en ligne. Cela évitait au citoyen lambda de devoir se coltiner la bureaucratie gouvernementale et lui permettait d'accéder aux documents plus facilement et plus rapidement tout en réduisant la corruption. Dans plusieurs articles, des experts comme Carlos Santiso sur le blog de l'Organisation de coopération et de développement économiques (OCDE) *Development Matters* préconisent d'utiliser la numérisation comme outil de lutte contre la corruption : « La numérisation peut mettre fin à la corruption en réduisant les abus de pouvoir, en augmentant la transparence et en instaurant une responsabilité grâce à la dématérialisation des services et en limitant les interactions humaines. En outre, elle permet une supervision plus efficace par des organes de contrôle plus efficaces et une société civile versée dans l'utilisation des données numériques. » Des changements qui furent également introduits dans la sphère sociale, économique et juridique. Par exemple, il est désormais possible de se marier en ligne et déclarer une nouvelle entreprise ne prend que quelques heures au téléphone au lieu de devoir faire la queue pendant des heures. Fini le parcours du combattant de plusieurs semaines à faire le pied de grue dans plusieurs agences. Le jeune gouvernement a transféré la plupart de ses services sur smartphone comme Zelensky l'avait envisagé. Ce fut une des plus importantes réformes de sa présidence. La numérisation garantissait un mode d'action plus rapide et plus efficace grâce à la technologie et aux technologies de l'information. Ce département devint un des plus modernes du pays.

Fin 2020, la numérisation, montra, une nouvelle fois, son immense valeur. La nouvelle application Diia[18] se révéla un instrument d'aide aux entreprises d'une grande efficacité : grâce à elle, plus de 500 000 entrepreneurs reçurent une aide financière pour payer leurs salariés pendant la pandémie du COVID-19.

Ce fut un énorme progrès. L'inscription d'une entreprise sur Diia et les opérations de contrôle prenaient très peu de temps et pouvaient être accomplies avec un smartphone, et une fois terminées, le demandeur se voyait allouer une aide financière. Une fois ce service mis en place, Diia a également permis aux personnes en détresse après l'invasion russe en 2022 de bénéficier d'une assistance sociale.

Il y avait aussi d'autres usages pour Internet. Comme beaucoup d'individus de la jeune génération, les nouveaux ministres et les nouveaux députés pouvaient facilement

---

18. Abréviation de « Derzhava i ya », l'État et moi (NDT).

avoir accès au flot incessant de rumeurs sur les réseaux sociaux qui cherchaient, entre autres, à attiser les tensions au sein de l'équipe présidentielle.

Certains des ministres plus âgés avaient du mal à suivre tout ce qui se disait sur Internet puisque presque chaque semaine ils étaient confrontés à de nouvelles rafales d'insultes et de rumeurs émanant, prétendument, de « sources à l'intérieur du cabinet du Président », selon lesquelles il était temps pour eux de faire leurs cartons et de prendre la porte.

Cela éroda la confiance de beaucoup d'entre eux qui commençaient à croire que leur travail n'était pas apprécié ou que leurs adversaires leur savonnaient la planche. Pour beaucoup, le flot de rumeurs était la preuve qu'ils s'étaient fait des ennemis qui ne se privaient pas de les calomnier auprès du Président.

Au fil du temps, les membres du gouvernement comprirent que ces prétendues « sources » n'existaient pas et continuèrent de faire leur travail. Mais ce flot incessant de rumeurs continuait d'alimenter les doutes qu'ils évoquaient autour d'un petit verre de cognac de temps en temps.

Le Parlement subissait lui aussi l'influence des chaînes Telegram, une application de messagerie cryptée, mise au point par un informaticien russe, très populaire dans les ex-républiques soviétiques. Ce réseau social est parvenu à mettre en contact l'ensemble du contingent politique et, ainsi, à influencer, à un degré ou un autre, les relations et les décisions au sein du staff. Trois chaînes Telegram étaient particulièrement influentes au sein de l'élite politique et engrangeaient beaucoup d'argent uniquement grâce à la force d'une rumeur selon laquelle le Président les lisait. Des entrepreneurs et des politiciens payaient les auteurs environ 28 000 hryvnias, environ 1 000 euros, pour un rapport ridicule d'un à deux cents mots afin d'« être lus par le Président », et donc tenter d'influencer sa prise de décision. C'est un autre exemple du degré de pénétration de la réalité virtuelle dans la réalité politique.

Pendant que tout le monde gesticulait dans tous les sens pour se faire remarquer, le Président essayait de poursuivre ses réformes. Zelensky préfère prendre des décisions en s'appuyant sur des faits qui, espère-t-il, auront un effet direct, positif sur la vie des citoyens lambda. Élevé dans une ville de province lui-même, il connaît très bien les conditions de vie des citoyens lambda dans ces régions. Et en tant qu'entrepreneur, il comprend également très bien les problèmes auxquels étaient confrontés les entrepreneurs pendant les années qui suivirent la proclamation d'indépendance de l'Ukraine. Mais il était bien décidé à changer les choses.

Pendant les déplacements présidentiels mais également à Kiyv, j'ai rencontré beaucoup d'entrepreneurs qui remerciaient les membres de son staff pour les décisions prises par Zelensky : leurs entreprises pouvaient obtenir des prêts de plusieurs dizaines de milliards d'hryvnias avec un taux d'intérêt aux alentours de 5, 7 ou 9 % – des conditions très généreuses pour les entreprises dans le pays où le taux d'intérêt du crédit à la consommation atteignait les 20 %. Le nouveau gouvernement voulait encourager l'investissement privé et aider les entreprises à prendre part dans de grands projets en partenariat avec l'État.

Le nouveau gouvernement a également introduit des conditions de marché plus favorables dans le secteur de l'agriculture grâce à la réforme agricole historique attendue depuis longtemps. Le programme concerté qui fut finalement mis en place en 2020, leva un moratoire de vingt ans sur la vente des terres arables. Le moratoire avait, certes, bien servi les intérêts des très grandes entreprises, mais il empêchait les exploitations agricoles plus petites de mettre en gage leurs terres pour financer de nouveaux investissements et moderniser leurs exploitations. Beaucoup étaient incapables d'entretenir leurs terres. Cette nouvelle réforme permettait aux exploitants agricoles de bénéficier des subventions de la Banque mondiale et des programmes d'investissement gouvernementaux pour rénover les infrastructures d'irrigation et de drainage qui seraient mises en œuvre au cours des dix années suivantes. Cela contribuerait également à rendre le secteur de l'agriculture en Ukraine, le plus important en volume d'exportation, plus transparent et plus productif. Tout le monde sait que l'Ukraine possède 25 à 30 % du tchernoziom, la terre noire, le plus fertile du monde et que 70 % de ses terres sont arables. Ce paquet de réformes attendu depuis longtemps promettait d'avoir une grosse incidence sur les futurs chiffres du PIB.

« Nous voyons ce que vous faites pour les entreprises. Nous voyons comment votre équipe travaille. Merci, vraiment », nous a dit un entrepreneur bien que nous n'ayons pas pu l'aider à obtenir des garanties du Fonds de garantie des dépôts.

Zelensky n'a eu de cesse de répéter que le succès des entrepreneurs est le fruit de leurs efforts et une source d'enrichissement pour l'économie du pays et que le gouvernement ne doit pas intervenir, contrôler ni mettre de barrières mais mettre en place les conditions qui favorisent le développement des entreprises.

Raison pour laquelle les discussions et les décisions à propos des confinements pendant le COVID-19 firent l'objet de longues discussions entre les ministres. Le premier confinement a été instauré fin mars et dura deux mois. Comme dans tous les pays, il a eu des conséquences financières et politiques, mais il fut essentiel pour endiguer la première vague du virus. Après la hausse du nombre des cas dans les derniers mois de 2020, plusieurs membres du gouvernement préconisèrent la mise en place d'un deuxième confinement strict début décembre. Mais le Président n'était pas d'accord. Tout le monde devait clôturer ses comptes et l'économie avait besoin d'un coup de boost des grosses ventes de fin d'année. Le deuxième confinement fut décalé jusqu'à janvier 2021, à une date où la population verrait moins d'inconvénients à rester à la maison pour déguster les différents plats des fêtes de la nouvelle année[19] pendant que le givre étendait son blanc manteau sur le pays.

Il est difficile de bâtir un État lorsque vous partez, non pas de rien, mais de quelque chose qui a déjà été usé jusqu'à la corde, dévalisé et démoli. Ce n'est pas une tâche facile. Même pendant la période où j'avais deux boulots, avant de rejoindre le gouvernement de Zelensky, je n'ai jamais été autant fatiguée que lorsque je travaillais pour le service de presse du Président. Notre staff était loin d'être aussi important que ceux de ses prédécesseurs. Avant l'avènement des réseaux sociaux, les services de communication comptaient environ cinquante à soixante membres. Pendant mes deux ans en fonction, nous n'étions que quarante alors que nous travaillions dans un environnement informationnel beaucoup plus riche et beaucoup plus difficile que celui auquel étaient confrontés nos prédécesseurs.

---

19. Les Ukrainiens fêtent Noël le 7 janvier, entre la Saint-Sylvestre et l'ancien Nouvel An le 13 janvier à cause du décalage entre le calendrier julien utilisé par les églises orthodoxes et le calendrier grégorien (NDT).

Les autres services connaissaient eux aussi des problèmes de budget et de recrutement et de renouvellement de personnel. Mais la grande majorité ne ménageait pas ses efforts. Tous étaient conscients de la chance que leur patron leur avait offerte de travailler au service du pays et que cette chance pouvait très facilement s'envoler. Au début de la deuxième année de sa présidence, Zelensky octroya des promotions à certains membres de son équipe. Il nomma plusieurs parlementaires à des postes ministériels, constitua une équipe de porte-parole et demanda à l'ensemble du gouvernement de ne s'exprimer, désormais, que d'une « seule voix », une pratique empruntée au conseil en management.

Les nouveaux visages commençaient à ressembler davantage à de véritables politiciens. Zelensky n'a pas ménagé ses efforts pour constituer son équipe, se débarrasser des mauvaises graines et en faire une force politique. Tout cela en appliquant les méthodes de l'entreprise à la politique ukrainienne et cela semblait fonctionner.

CHAPITRE 5

La reprise des pourparlers de paix au Donbass

Mais dans le monde d'aujourd'hui, celui dans lequel nous vivons, il n'y a plus de guerre d'un autre pays. Aucun de vous ne peut se sentir en sécurité lorsqu'il y a une guerre en Ukraine, lorsqu'il y a une guerre en Europe.

—VOLODYMYR ZELENSKYY

DEVANT L'ASSEMBLÉE GÉNÉRALE DE L'ONU,

25 SEPTEMBRE 2019

Chaque fois que nous voyons le Président ukrainien à la télévision, nous n'avons de lui qu'une image partielle – un bref discours dans une vidéo fournie par le service de presse. Seule l'équipe du Président sait à quel point ces apparitions sont difficiles à préparer : organiser le planning des vols et les transferts vers plusieurs régions au cours d'un seul déplacement ; communiquer avec l'armée pour les déplacements vers les positions « zéro », le nom utilisé pour désigner les avant-postes sur la ligne de front ; préparer les rapports et les discours ; résoudre tous les problèmes qui peuvent survenir lorsque nos véhicules doivent emprunter des chemins non carrossés ; préparer des retransmissions en direct ; fournir des logements/accommodations, des vivres, de l'eau, des toilettes, de l'essence... la liste est interminable.

Personne ne sait, par exemple, que pendant ce voyage dans le Donbass, pendant le cessez-le-feu de 2020, dans un hélicoptère posé légèrement à l'écart, une jeune femme veille jalousement sur la gerbe de fleurs qui sera déposée au pied du monument afin que le vent ne les éparpille pas ou qu'un journaliste qui se penche pour regarder par le hublot ne les écrase pas ; personne n'a vu avec quel soin elle l'a extraite de son emballage pour que le service de protocole puisse la tendre au Président à l'instant convenu.

Personne ne prête attention au soldat en uniforme qui veille attentivement sur nous, aux aguets dans l'embrasure de la porte de l'hélicoptère, le buste légèrement incliné vers sa mitrailleuse, il remplit assidûment sa mission. Un photographe de Reuters assis en face de lui prend photo sur photo.

Une journaliste de Reuters, avide de détails, note scrupuleusement toutes ses impressions. Elle est très nerveuse.

C'est son premier reportage dans une zone de conflit. Comme le montrent ses sandales légères à talons.

Je réponds à ses questions tout en lui conseillant de moins boire parce qu'il n'y aura pas beaucoup de toilettes là où nous allons. Et aussi de ne pas trop lire et de ne pas regarder par le hublot, pour éviter de vomir pendant le vol, son premier vol en hélicoptère, et de ne pas utiliser des communications cellulaires parce que les Russes les intercepteront.

Ceux qui font leur premier vol au-dessus du Donbass prennent toujours des photos des paysages par la fenêtre, les magnifiques paysages ukrainiens : les prés, les lacs, les fleuves, les forêts touffues. Il n'y a presque aucune route au Donbass.

Le serveur en tenue camouflage n'en est pas à son premier vol au-dessus de cette zone. Il ne prend plus de photos. Il a désormais assez d'expérience pour pouvoir maîtriser sa peur et se concentrer sur son travail qui exige minutie et ingéniosité. Rien ne le surprend désormais.

À la fin du vol, la jeune femme apporte les fleurs à l'officier protocolaire. La jeune femme, l'officier et le serveur ont un mal fou à fermer le hublot rond de l'hélicoptère pour que le vent n'endommage pas les gerbes. Le Président et la délégation qui l'accompagne les déposeront au pied du nouveau monument érigé à la mémoire de tous ceux qui ont perdu la vie pendant la guerre du Donbass.

Le Président improvise souvent lorsqu'il discute avec les soldats. Pendant ce déplacement, un parmi beaucoup d'autres, il en décorera plusieurs. Il s'adresse directement à eux sans microphone ; la majorité de leurs échanges est inaudible pour les journalistes présents : « C'est un grand honneur pour moi d'être ici pour inaugurer ce monument sur lequel est gravée, avec des mots simples, la cause pour laquelle nous sommes prêts à mourir : "Nous nous battons pour quelque chose qui n'a pas de prix, pour notre mère patrie. Nous n'avons qu'une patrie. Nous n'en avons qu'une – l'Ukraine. Et nous ne pouvons pas la perdre. Et nous ne perdrons jamais. Au contraire, nous rendrons tout à l'Ukraine."

« Au cours des dix derniers jours, nous n'avons eu aucun blessé, aucun mort. En premier lieu, je vous remercie de veiller sur vos camarades. Et c'est important. Il est important qu'un cessez-le-feu total et global soit instauré dans la zone de conflit au Donbass… Il est important que chaque fois que nous entendons que quelqu'un veut nous attaquer, même une attaque mineure, vous soyez toujours prêts à y répondre efficacement. »

Le Président épingle les médailles sur les torses des soldats masqués. Il s'approche ensuite des journalistes pour répondre à quelques questions à propos du Donbass et de l'initiative de paix. Les journalistes du coin sont différents de leurs confrères des autres régions. Ici ils ne font pas dans le sensationnel ni dans les effets. Ils connaissent de toute évidence la valeur des mots et la valeur des informations. Chacun retire ses propres enseignements pendant une guerre.

Nous nous rendons sur d'autres avant-postes sur la ligne de front. Alors que nous nous dirigions vers le parking, la voiture tombe en panne. Les autres voitures du convoi ont été retardées. Tout peut arriver et tout doit être résolu, d'une façon ou d'une autre. Nous reprenons la route. D'autres décorations sont décernées pendant que nous attendons. Plusieurs personnes accompagnent le Président pour visiter les avant-postes sur la ligne de front. Je dis à Reuters de les accompagner.

Il y aura trois autres arrêts dans d'autres villes, en différents emplacements le long de la ligne de front. Le Président discute avec les soldats, écoute ce qu'ils pensent du cessez-le-feu. Pour beaucoup de soldats, c'est un tournant inattendu mais tous veulent la paix au Donbass. Au cours des dix derniers jours, personne n'a été tué ou blessé par une explosion mais plusieurs soldats sont morts des complications de leurs blessures. Tous les matins le nombre de morts et de blessés tombe sur le bureau du Président.

À Bakhmout, à environ 90 kilomètres de Donetsk, le centre administratif d'une des deux régions du Donbass, Zelensky décide d'aller à l'épicerie. Toute la délégation s'arrête et entre dans la boutique pour prendre un café et des friandises. Nous le suivons et nous prenons quelques photos. Les gens sont heureux de voir Zelensky : ils demandent un selfie, appellent des amis et des membres de leur famille pour se vanter d'avoir vu le Président. Certains critiques sur Internet diront que c'est un coup publicitaire savamment orchestré. Ils ont tort : cet arrêt était complètement spontané.

Nous dormons dans un hôpital. Cela ravive des souvenirs d'enfance. Fille d'une néonatologiste et d'un pathologiste, j'ai passé pas mal de temps à la morgue et j'ai souvent passé la nuit dans le service de néonatalogie en attendant mes parents. Dans cet hôpital du Donbass, j'ai demandé à ne pas être logée dans le service d'obstétrique.

Nous sommes répartis dans les services et dans les quartiers des infirmiers. Certains services ont des douches et il y a plusieurs toilettes dans l'immeuble d'un étage. Je ne retrouve plus mon sac à dos. Je décide de partager la chambre avec la jeune fleuriste qui a la chance d'avoir une chambre avec toutes les commodités. Heureusement, quelqu'un a retrouvé mon sac à dos et me l'a apporté moins d'une heure après que j'ai constaté sa disparition.

Pendant ces deux années, Zelensky s'est rendu très souvent au Donbass : 18 fois en 2019 et 2020. Il a passé toutes les fêtes militaires au Donbass. Pendant une de ces visites, nous avons roulé 90 kilomètres le long de la ligne de démarcation. Au cours d'une autre visite, il s'est avancé, en compagnie de la Présidente de la Confédération suisse jusqu'à un pont de l'autre côté duquel des militants séparatistes soutenus par la Russie montaient la garde, armés de mitrailleuses.

Zelensky voulait à tout prix négocier un traité de paix. En moins d'un an à la tête du pays, il a réussi à obtenir le retour de 150 prisonniers de guerre détenus en Russie, en Crimée et au Donbass. Il a également relancé les sommets Format Normandie pendant lesquels les dirigeants de l'Ukraine, de l'Allemagne, de la France et de la Russie sont parvenus à un accord sur un traité de paix.

L'arrivée au pouvoir de Zelensky a amélioré les perspectives de paix au Donbass. Le Kremlin avait depuis longtemps rompu le dialogue avec Porochenko, ne laissant aucune chance de négocier le moindre traité de paix. Le dialogue entre les deux pays en guerre n'aurait pas pu être rétabli avec tous les politiciens ukrainiens. Il était peu probable que Poutine ait accepté de négocier avec un Président ukrainien ultranationaliste. Tout comme il est également très peu probable qu'un politicien ukrainien chevronné de la vieille garde aurait été capable de maintenir le dialogue aussi longtemps que Zelensky l'a fait.

Malheureusement pour l'Ukraine, la menace venait également de l'intérieur du pays. Après avoir dirigé le pays de 2014 à 2019, Porochenko n'a pas vraiment accepté sa défaite aux élections, même après avoir vu ses envies de réélection douchées par les électeurs. Il n'a, au contraire, eu de cesse de fragiliser son successeur. Ses partisans ressassaient encore et encore la fable d'un Zelensky soi-disant prorusse, l'image la plus négative que l'on puisse accoler à quelqu'un en Ukraine, en 2019.

Sous Porochenko, l'Ukraine avait vécu pendant cinq ans, dans un état de somnambulisme vis-à-vis de la Russie. Les histoires vides de sens et hypocrites à propos d'une nouvelle identité ukrainienne inventées par les partisans de Porochenko entretenaient l'illusion de leur patriotisme. Mais, malheureusement, la formule sentait le réchauffé à plein nez ; ils ressortirent du formol des idoles surannées de l'histoire ukrainienne mais furent incapables de proposer un projet d'avenir innovant ou cohérent pour notre pays.

L'amour affiché par Porochenko pour la langue ukrainienne était aussi hypocrite que son patriotisme. Il accusa les Ukrainiens russophones de manque de patriotisme et promulgua une loi, en 2019, juste après sa défaite électorale, qui stipulait que tous les fonctionnaires, les soldats, les médecins et les enseignants devaient parler ukrainien, ce qui a provoqué pas mal de mécontentement au sein de la population russophone et fut un sujet particulièrement sensible dans les régions russophones du pays à proximité du Donbass. Il a, tout du long, cyniquement ignoré que le russe était la langue maternelle de sa famille. Il enfila une chemise brodée et organisa de grandioses défilés militaires, même en plein « siège d'Ilovaisk » – pendant lequel plus de quatre cents soldats ukrainiens en train de se replier se retrouvèrent pris au piège et furent massacrés par les troupes russes – au Donbass. Ce fut un des plus terribles massacres que ce pays a connus, à ce jour. Dans ses discours, Porochenko n'avait jamais de mots assez durs pour la Russie, mais il n'a rien fait pour interrompre le flot croissant d'informations en provenance de Russie sur les chaînes de télévision ukrainiennes – des informations qui étaient insultantes, calomnieuses, sarcastiques et d'un niveau consternant. Il faisait porter toute la responsabilité du conflit à Poutine mais fraternisait avec l'ami et le représentant de Poutine en Ukraine, Viktor Medvedtchouk. (Medvedtchouk, le « prince noir » de la politique ukrainienne, défendait depuis longtemps les intérêts de Poutine en Ukraine, en fragilisant le gouvernement et en faisant la promotion des discours et des politiques prorusses.) Paradoxalement, tout en prétendant prendre ses distances par rapport à la Russie, Porochenko s'évertua à adopter son état d'esprit. Pendant les cinq longues années de son mandat, l'Ukraine donna l'impression de se mirer dans un miroir russe.

L'Ukraine n'était tout simplement pas préparée pour lutter contre la propagande russe, une arme puissante que le Kremlin utilisa pour assommer notre pays après l'invasion du Donbass et cela continue encore aujourd'hui. En décidant de recourir, en Ukraine, aux méthodes russes de manipulation, de *fake news* et de contrepropagande pour neutraliser la désinformation russe, Porochenko et son gouvernement se sont, en partie, discrédités aux yeux du monde entier qui a cessé de les considérer comme des partenaires fiables. En 2015, des journalistes étrangers venus en Ukraine pour couvrir la révolution de la Dignité et la guerre au Donbass avertirent les autorités ukrainiennes et les médias des dangers inhérents à ce genre de tactique. Les informations russes ne contiennent pas une once de vérité depuis longtemps, dirent-ils. Elles dissimulent la vérité et propagent des mensonges alors que l'Ukraine a encore une chance d'établir sa réputation en tant que partenaire honnête.

Dans tous les cas, l'Ukraine n'avait pas les moyens, loin s'en fallait, d'investir, dans la propagande, le même montant de ressources que Moscou. Et, bien sûr, nous ne disposions pas, à l'étranger, d'un réseau de perroquets prêts à répéter la propagande du Kremlin du niveau de *Russia Today*.

Le gouvernement de Zelensky a immédiatement pris plusieurs mesures pour lutter contre la désinformation mais s'est arrêté là. Malgré cela, en 2022, l'Ukraine était mieux préparée que par le passé. Au cours des huit années écoulées depuis la première invasion russe en 2014, les journalistes ukrainiens avaient réussi à créer plusieurs médias indépendants qui étaient suivis par plusieurs millions de personnes. Ils vérifiaient les informations du mieux possible et coopéraient avec les autorités militaires pour diffuser des informations fiables rapidement mais sans emballement. Ils essayaient de trouver le bon équilibre entre le besoin de remonter le moral de la population et de publier des faits avérés. L'Ukraine avait également favorisé l'émergence d'une société civile responsable qui se révéla très utile de bien des façons, comme volontaires sur les lignes de front et en tant que correspondants pour les médias étrangers. Tout ceci créa un chœur de voix ukrainiennes dans la guerre d'information contre la Russie. Ce faisant, l'Ukraine a appris à montrer la vérité au monde.

La guerre en 2022 a également mis en suspens les désaccords profonds au sein de la classe politique ukrainienne quant aux stratégies pour signer un traité de paix – d'abord parce que les accords de paix existants étaient désormais nuls et non avenus et ensuite, parce que les autorités n'avaient pas d'autre choix que de s'allier pour faire face à un agresseur étranger déterminé à détruire notre pays.

Après la première invasion du Donbass, des traités baptisés accords de Minsk, furent formulés. Ils contenaient des conditions inacceptables pour l'Ukraine. Une des plus inacceptables étant l'exigence de la Russie d'organiser des élections pour déterminer le sort des territoires occupés avant le retrait de leurs troupes. Cela signifiait, bien sûr, que les élections seraient organisées par les occupants et qu'il y aurait une probabilité de 99,9 % que le territoire passe sous le contrôle des séparatistes armés soutenus par le Kremlin. Comme l'a très bien dit Zelensky en de nombreuses occasions, cela revenait à organiser des élections à la pointe du fusil, en l'absence d'observateurs internationaux et de procédures démocratiques et sans aucune transparence. Dans de telles conditions, l'Ukraine serait incapable de contrôler ces zones du Donbass dans lesquelles les hostilités se poursuivaient, des territoires contrôlés par les séparatistes armés qui disposeraient d'une écrasante majorité dans les conseils locaux. C'était le point fondamental que Zelensky a clairement identifié lorsqu'il a déclaré que le calendrier devait être le suivant : d'abord, la reprise du contrôle des territoires occupés par le gouvernement ukrainien et, seulement ensuite, la tenue d'élections.

Un jour, au cours d'un entretien téléphonique, Emmanuel Macron, le Président français, fit remarquer qu'ils étaient des alliés de fait dans ces pourparlers : ils n'avaient pas apposé leur signature sur ces précédents accords mais tous les deux n'avaient pas d'autre option viable que de s'appuyer sur ces accords insatisfaisants pour négocier un traité de paix.

Les autorités ukrainiennes furent incapables de trouver un terrain d'entente sur les accords de Minsk avec la Russie. Mais il y avait une autre alternative : un peu plus tôt, il y avait eu une autre tentative appelée Format Normandie, des pourparlers qui avaient eu lieu en parallèle aux accords de Minsk. Les quatre pays qui y avaient participé – Ukraine, Russie, Allemagne et France – s'étaient rencontrés la première fois en Normandie pour tenter de résoudre la crise au Donbass en 2014. Les pourparlers avaient été interrompus en 2016 et n'avaient pas repris depuis, à cause du refus de Poutine d'y assister. Au cours de ces trois années d'affrontements ininterrompus, nous compilions les données énumérant les destructions provoquées par les tirs d'artillerie russes et nous consignions le nombre de blessés et de tués chaque jour. Zelensky a réussi à réactiver ce groupe et les dirigeants des quatre nations se rencontrèrent à Paris le 9 décembre 2019 pour reprendre les pourparlers de paix.

Nous arrivâmes pour le sommet à Paris en bénéficiant d'un fort soutien de la communauté internationale. Les États-Unis et la Grande-Bretagne soutenaient résolument l'Ukraine et Zelensky était parvenu à établir des relations chaleureuses avec l'Allemagne et la France. Il était important pour nous qu'Angela Merkel, la femme la plus puissante du monde, soit de notre côté. Mais avoir également le soutien d'Emmanuel Macron nous permettrait de bénéficier d'un rapport de force de trois contre un à la table des négociations.

Le mérite en revient, en grande partie, à la Première dame, Olena Zelenska, qui joua un rôle important dans nos bonnes relations avec la France. Le courant était très bien passé entre elle et Brigitte Macron pendant sa première visite à Paris, en juin 2019. Grâce à cela, une relation chaleureuse s'était instaurée entre les premiers couples d'Ukraine et de France. Une relation qui s'était consolidée depuis.

Peu d'individus ont eu le privilège d'arpenter les couloirs secrets du palais de l'Élysée. On sent le poids des innombrables événements historiques qui se sont déroulés dans ce bâtiment vieux de trois cents ans. De nombreux personnages célèbres s'y sont rencontrés et y ont pris des décisions qui ont changé le cours de l'Histoire. La mémoire institutionnelle de la France est manifeste dans le faste des salles de réception avec leurs tapis rouges, toutes leurs peintures florales, leur marbre et leurs moulures dorées mais elle est tout aussi présente dans les pièces plus modestes de quinze à vingt mètres carrés qui ont été intelligemment transformées en salles de réunion, discrètement dissimulées dans les recoins des couloirs derrière des portes discrètes. Combien de plans de guerre et de traités de paix ont vu ces murs ? C'est en ces lieux que Napoléon Bonaparte, le premier empereur français, a vécu et a abdiqué.

Macron nourrissait l'ambition politique de devenir le leader de la nouvelle Europe. Il voulait, dès lors, être à l'origine des pourparlers qui mettraient fin à la seule guerre en cours en Europe. Même si cette guerre se déroulait en dehors des frontières de l'Union européenne, elle faisait rage sur le territoire ukrainien, et l'Ukraine est en Europe.

En 2021, après les élections allemandes, la chancelière Angela Merkel abandonna son poste à son successeur. L'Union européenne observait de loin mais pas sans intérêt, l'arrivée d'un nouveau dirigeant à la tête d'un des pays les plus puissants du monde et se demandait quels changements cela entraînerait au niveau de la politique intérieure et internationale de l'Allemagne, des relations de l'Allemagne avec la Russie et Bruxelles et si la construction de Nord Stream 2, le pipeline acheminant le gaz naturel de la Russie à l'Allemagne, serait achevée. Bien que cela ne soit pas apparent à l'époque, la décision de l'Allemagne de dépendre de la Russie pour ses besoins en énergie et sa sous-estimation de la menace russe envers l'Ukraine – et envers l'UE – la placeraient dans une position délicate lorsque l'UE adopta des sanctions contre la Russie en 2022.

Cette passation de pouvoir qui n'avait pas eu lieu depuis longtemps – Merkel était chancelière depuis seize ans – a, inévitablement, affaibli l'influence de l'Allemagne le temps que le nouveau chancelier prenne ses marques et a offert à la France une excellente occasion de lui disputer le leadership en Europe.

Le conflit en cours en Ukraine ajoutait à l'urgence. Ceux qui y mettraient fin et apporteraient la paix à des

Ukrainiens résignés pouvaient s'attendre à en récolter les lauriers et peut-être même le prix Nobel de la paix.

Zelensky a fait tout ce qui était en son possible en tant que Président pour que l'Ukraine bénéficie du soutien de la communauté internationale. Sous sa présidence, les relations entre l'Ukraine et la France atteignirent un niveau jamais vu auparavant. Néanmoins, dans une interview publiée dans *Le Figaro*, le célèbre journal français, avant une visite à Paris, en avril 2021, Zelensky avait décrit sans ambages ses relations avec Macron et ce que, selon lui, la France pouvait faire pour l'Ukraine :

> « *J'ai l'impression que le Président Macron veut entretenir une relation amicale avec la Russie – je le comprends. Mais il doit comprendre mon envie, dont je lui ai fait part. Cela fait toujours moins mal lorsque vous n'êtes pas concerné et vous pensez toujours que cela ne vous arrivera pas. Mais l'Histoire ne vous parvient pas, elle vous frappe lorsque vous ne vous y attendez pas. Vous devez être prêt. Qu'est-ce que cela signifie être prêt ? Avoir des pays, des amis, des Présidents qui vous protègent pour que vous n'ayez pas besoin d'avoir peur.* »

Zelensky avait compris que la population ukrainienne était sa meilleure alliée pour négocier un traité de paix. La volonté de mettre fin à la guerre arrivait en tête de toutes les enquêtes d'opinion. À cette date, environ 14 000 personnes avaient déjà perdu la vie au Donbass. C'était le territoire le plus miné du monde, jadis le foyer de millions de personnes qui l'avaient déserté pour fuir. C'était une terre où régnaient désormais la souffrance, la pauvreté, la peur et le chagrin.

La Russie, bien sûr, décrivait le conflit militaire au Donbass comme des dissensions provoquées par des mouvements nationalistes extrémistes en Ukraine, une affirmation que certains politiciens tentèrent de défendre, photos à l'appui à la télévision.

Mais il n'y a jamais eu de mouvement séparatiste autochtone en Ukraine. Comme l'a dit Oleksiy Reznikov, ministre de la Réintégration des territoires temporairement occupés (un ministère créé sous Zelensky) et, par la suite, ministre de la Défense ukrainienne, nous sommes victimes d'une « contrebande d'idéologies » de notre voisin, la Russie, qu'elle instille dans les cœurs et les esprits de la population grâce à la propagande, une des armes utilisées dans les guerres hybrides combinant guerres classique, irrégulière et cybernétique et d'autres types d'influence allant des *fake news* aux élections truquées en passant par la diplomatie.

« Les réponses dans une guerre hybride ne peuvent être qu'hybrides », déclara Reznikov. Avant Zelensky, l'Ukraine avait déjà tenté de reprendre le contrôle de ces territoires en hurlant fièrement des cris de guerre et en défilant flambeau en main. Cette stratégie n'a pas permis de reprendre le contrôle du Donbass. Zelensky opta pour une autre approche : le *soft power*. Cette stratégie était beaucoup plus compliquée – plus « hybride », si vous préférez –, mais elle donnait des résultats.

Cette stratégie exigeait également de lutter contre la désinformation, externe et interne, et d'aider les habitants de la région grâce à l'assistance sociale et la création d'emplois pour reconstruire la région. Tous ces efforts contribuaient à créer une image séduisante de l'Ukraine qui était en accord avec la réalité.

En 2014 ou en 2015, tout le monde s'attendait à ce que la France et l'Allemagne trouvent un accord avec la Russie et que le Kremlin retire ses troupes du Donbass. Mais la diplomatie échoua et leurs efforts restèrent vains. La fameuse citation attribuée à Bismarck m'est revenue en mémoire : « Les accords signés par la Russie ne valent pas le prix de la feuille de papier sur laquelle ils sont rédigés. » En 2019, la réactivation du Format Normandie, avec Zelensky à la place de Porochenko et Macron à la place du précèdent Président français, François Hollande, suscita d'immenses espoirs. Les médias remuaient ciel et terre pour se procurer le détail des échanges. Les scoops se sont succédé chaque jour de la semaine à la une des journaux mais nous avons essayé de préparer la population à l'idée que ces espérances élevées puissent être déçues. Nous avons immédiatement expliqué que le conflit au Donbass ne s'arrêtait pas du jour au lendemain et que nous devions nous préparer à cette éventualité.

Au pays, plusieurs acteurs de la scène politique ukrainienne continuaient de fragiliser toutes les tentatives de négocier un traité de paix pour faire grimper leur cote de popularité dans les sondages. D'aucuns diront que c'était de bonne guerre mais ce n'était certainement pas un exemple de véritable leadership, ni dans l'intérêt du people ukrainien. Certains manifestants qualifiaient le prospect de pourparlers de paix « reddition ». Le service de presse s'est chargé de leur rappeler que l'initiative de paix était une liste d'actions concrètes à mettre en œuvre, pas une capitulation. La première était de rebâtir à neuf un pont détruit pendant la guerre à Stanytsia Luhanska dans l'Oblast de Louhansk, une des zones de conflit en Ukraine. Ce pont était très important parce que des milliers d'individus l'empruntaient tous les jours pour traverser la ligne de démarcation. Le pont reliait les territoires contrôlés par les séparatistes russes au territoire ukrainien. Des individus de tous âges tiraient leur chariot sur un grand pont piéton construit à la hâte avec des marches abruptes de chaque côté, montaient et descendaient la passerelle glissante par tous les temps : neige, pluie, neige fondue. Lorsque Zelensky se rendit pour la première fois à Stanytsia Luhanska, la population locale lui demanda deux choses : de leur construire un nouveau pont et de leur verser leur retraite. Le 20 novembre, malgré le grand scepticisme de ses opposants, Zelensky inaugura le pont deux jours avant la date prévue.

Beaucoup ont également hurlé à la « trahison » à cause de faux rapports faisant état d'un recul de nos troupes en trois points le long de la ligne de front. Mais il s'est avéré, par la suite, que les deux camps s'étaient repliés. Les fortifications furent détruites et le territoire déminé. Les tirs d'artillerie cessèrent et personne n'est mort. Pour la première fois depuis des années, les habitants retrouvaient une vie sans la guerre.

Au cours d'une interview avec les journaux étrangers *Time*, *Le Monde*, *Der Spiegel* et la *Gazeta Wyborcza* une semaine avant les pourparlers de paix du Format Normandie, Zelensky déclara qu'il ne déclencherait pas une guerre pour reprendre le Donbass. Une agression ne pourrait entraîner que d'autres agressions, expliqua-t-il. Une tentative d'obtenir la paix par des moyens militaires se traduirait par la perte de centaines de milliers de vies et provoquerait une crise économique. Il y aurait davantage d'orphelins, davantage de blessés et davantage de personnes déplacées. Et même malgré toutes ces souffrances, notre victoire ne serait pas garantie. Un fait toujours glissé sous le tapis par ceux qui voulaient obtenir la paix par les armes.

L'armée ukrainienne puise sa force dans sa détermination à combattre pour notre patrie, notre peuple, notre avenir. Mais la véritable force ne se mesure pas à la capacité de faire la guerre. Les nations qui sont véritablement fortes sont celles qui sont capables d'empêcher le flot de morts et les horreurs de la guerre. En 2019, au lieu de faire la guerre, l'Ukraine a choisi d'entamer le dialogue avec l'ennemi. Nous avons fait de notre mieux pour nous comporter en pays civilisé. Nous avons cherché une issue diplomatique.

« La politique n'est pas une science exacte », déclara Zelensky pendant cette interview. « C'est pour cela qu'à l'école j'aimais les mathématiques. Tout me semblait d'une grande clarté en mathématiques. Il est facile de résoudre une équation à une inconnue. Mais en politique, il n'y a que des inconnues, y compris les politiciens dans notre pays. Je ne les comprends pas. Je ne comprends pas de quel bois ils sont faits. C'est pourquoi je pense que personne ne peut avoir confiance. Tout le monde défend ses intérêts. » Il s'est rendu à Paris pour défendre les intérêts de l'Ukraine.

L'hiver était doux en décembre 2019. Des centaines de journalistes de Russie et de nombreux pays européens faisaient le pied de grue pour pouvoir assister à la conférence de presse des dirigeants des « Quatre de Normandie » à la fin des pourparlers. Je me rappelle très bien que le service de presse du palais de l'Élysée était quelque peu sur les nerfs à cause du nombre important de reporters, surtout d'Ukraine – plus de 70 journalistes. Je me souviens que ses membres avaient égaré leurs listes et que nous les avions aidés à les retrouver.

Nous étions les premiers à pénétrer dans la salle où se tiendraient les négociations, suivis par la délégation russe. J'ai tout de suite eu l'impression que les Russes étaient venus à reculons. Les préparatifs pour le sommet n'étaient pas encore terminés. Je suis donc allée demander à quelqu'un le mot de passe pour le Wi-Fi pendant que nous attendions. Mon interlocuteur ne le connaissait pas. Il a donc téléphoné à quelqu'un pour l'obtenir. Un des membres de la délégation russe nous a suivis parce qu'il avait lui aussi besoin du mot de passe. Il nous a rejoints. Il s'est adressé à moi en français. Son nom étant inscrit en alphabet cyrillique sur son badge. Je lui ai donc répondu en russe que je ne parlais pas français. Cela l'a vraiment surpris. « Vous parlez russe ? » m'a-t-il demandé. « Oui, je parle russe », lui ai-je rétorqué.

Cela lui montra que le discours russe selon lequel les « nationalistes » ukrainiens voulaient interdire l'apprentissage de la langue russe était faux. Cet échange m'a revigorée. C'est un petit quelque chose que nous étions les deux à pouvoir comprendre. Notre hôte français a trouvé le mot de passe pour le Wi-Fi juste à la fin de ma réponse mais le message était passé.

Je me souviens de tout, jusqu'au moindre détail, comme si c'était hier, surtout le sentiment d'être dans la même pièce que ceux qui décideraient du destin de mon pays en fonction du déroulement des négociations. Je me souviens de la tension nerveuse lorsque les quatre chefs d'État se sont assis autour de la table circulaire. Nous retenions notre souffle, nous étions tout ouïe, à l'affût du moindre geste et la moitié du monde regardait avec nous.

Chaque délégation et son dirigeant avaient leurs propres objectifs et positions, mais ils avaient une chose en commun : tous écoutaient attentivement le Président Zelensky chaque fois que ce dernier prenait la parole.

Il parla du fond du cœur, de la douleur qu'il ressentait pour son pays dans lequel des citoyens ukrainiens trouvaient la mort presque chaque jour dans les affrontements dans les régions orientales du Donbass. Toutes les délégations furent surprises par les propositions très concrètes de Zelensky. Il ne leur laissait aucun répit. Dès qu'il sentait qu'ils tentaient d'écarter une question importante pour l'Ukraine, il prenait la parole et déclarait : « Reprenons ce point, voulez-vous. » Cette stratégie lui a permis de convaincre ses interlocuteurs qu'il avait raison et que le point dont ils discutaient figurait bien à l'ordre du jour de l'agenda diplomatique, et ainsi a protégé les intérêts de son pays. Grâce à cette habile diplomatie, trois déclarations du communiqué final furent modifiées en faveur de l'Ukraine. Ce ne fut pas seulement le succès de Zelensky, mais aussi celui de l'Ukraine.

On me demande souvent mes impressions sur Poutine parce que peu de gens l'ont vu en personne comme j'ai pu le faire. Je réponds toujours qu'il n'y a qu'une façon de décrire Poutine : « ancien temps ». Plus je les observais, lui et sa délégation, plus je les écoutais, tout chez eux trahissait l'ancien temps : vieille idéologie, vieux principes, vieilles attitudes, vieilles idées. Toute son équipe semblait désespérément d'un autre âge. Et lorsque j'ai trouvé les bons mots pour décrire comment je le voyais, je me suis soudain sentie plus calme. L'univers ne pouvait pas laisser l'ancien temps dominer pour toujours. Le monde qui nous entoure est en constante évolution ; cinq ans représentent un écart abyssal entre les générations. L'ancien temps ne peut pas survivre à autant de changements.

Pendant les négociations, Poutine garda la tête baissée la plupart du temps. Il était de toute évidence mal à l'aise. Il appelait parfois un membre de son équipe pour vérifier un élément d'information. Il refusait parfois de répondre de façon précise à certaines questions, en arguant ne pas disposer des données et qu'elles devaient être vérifiées. Il n'arrêtait pas de se répéter, il bafouillait, il s'interrompait, il éructait que la Russie n'avait pas pris part au conflit militaire au Donbass alors que tous ceux qui étaient assis à la table savaient que c'était faux.

À la fin de la conférence, avant la finalisation des communiqués, Zelensky discutait avec la chancelière Merkel et le Président Macron. Poutine, en revanche, était tout seul dans une autre pièce avec son attaché de presse. Il a choisi de ne pas rejoindre ses homologues, préférant prendre ses distances avec eux, comme s'il n'était d'accord avec rien de qui se passait. Il a ensuite disparu pendant quelques minutes, retardant la fin du sommet.

Quand j'y repense, avec le recul, cet épisode était d'un ridicule : un des dictateurs les plus agressifs et impitoyables qui inspirait la peur à tellement de gens, sortit de la pièce, passa devant les journalistes et descendit le couloir la tête basse et un demi-sourire énigmatique sur le visage. Immédiatement, les journalistes du monde entier se sont précipités pour prendre des photos ou des vidéos à sa sortie. Un journaliste s'est tourné vers moi et m'a demandé d'une voix fébrile : « Où va-t-il ? » « Se laver les mains », lui ai-je répondu.

Poutine ne s'attendait pas à ce qu'un dirigeant qui n'était Président que depuis quelques mois au moment du sommet serait aussi bien informé, se retrouverait assis en face de lui et que son vote pèserait plus lourd que le sien. Zelensky énonça de façon pragmatique des stratégies concrètes et applicables tout en rejetant tous les vieux préjugés en vogue depuis les accords de Minsk.

Tout le monde sait, depuis très longtemps, que Poutine était une brute du KGB avant de devenir un dictateur et un monstre capable de déclencher des guerres et de perpétrer des massacres de masse. Mais peu de personnes ont évoqué un aspect important de la psychologie de ce chef d'État : Poutine sait donner des ordres mais il ne sait pas négocier. Raison pour laquelle les négociations pendant le Format Normandie étaient difficiles pour lui. Il a d'ailleurs repoussé toutes les invitations à un nouveau sommet.

En 2022, il adressa une fin de non-recevoir à Zelensky qui l'invita à négocier. Pendant plus de deux décennies, personne ne l'a contredit. Personne n'a voulu lui apporter de mauvaises nouvelles. Raisons pour lesquelles Poutine est un piètre négociateur qui préfère recourir au chantage et à différents instruments de guerre pour négocier.

Zelensky, en revanche, est tout son contraire. C'est un négociateur hors pair qui a fait tout ce qu'il pouvait pour apporter la paix en Ukraine et la sécurité à son peuple. La paix est essentielle à ses yeux. Ce n'est qu'avec la paix qu'il pourra se concentrer sur la reconstruction de sa nation.

Un magasin minuscule dans un village pas très loin de Marinka, au Donbass, ne désemplissait jamais. D'une superficie d'à peine quatre mètres carrés, on y trouvait des crèmes glacées, des conserves, des légumes, des fruits et de l'alcool. Et quelque chose d'inhabituel pour ce genre de magasin, l'air conditionné.

La commerçante, une jeune femme brune, racontait qu'un obus était tombé sur le toit et qu'ils avaient dû faire des réparations mineures. Mais ils s'apprêtaient à s'installer ailleurs le temps de faire des rénovations plus importantes.

« Et que vient faire Zelensky ? » me demanda-t-elle lorsque je suis entrée acheter une crème glacée.

Je lui ai répondu que le Président allait, pendant ces deux jours, faire le tour du Donbass et se rendre sur les lignes de front pour s'entretenir avec les troupes.

« Si seulement cela pouvait apporter la paix », répondit la jeune femme.

« Paix » est le mot que nous avons entendu le plus souvent dans la bouche des civils et des militaires au Donbass avant l'invasion de grande envergure en 2022. Partout, tous ceux que nous interrogions nous tenaient le même discours. Tout le monde en avait assez de vivre à proximité de la guerre qui n'apporte que tristesse, souffrance et pauvreté. C'était le devoir de tous les politiciens, de tous ceux qui aimaient l'Ukraine, de faire tout ce qui était possible pour que notre pays retrouve sa population exilée, ses territoires et la paix. Exactement vingt jours après cette conversation, le 27 juillet 2020, un nouvel accord autour d'un cessez-le-feu global et généralisé entra en vigueur au Donbass. C'était le cessez-le-feu le plus long et le plus contesté/violé en six ans et demi de guerre. Dans tous les conflits militaires, les « cessez-le-feu » et les « trêves » sont davantage des accords fragiles que des concepts stables. Il était difficile d'imaginer que sur un territoire croulant sous les armes et les explosifs, dans lequel opéraient les mercenaires séparatistes soutenus par la Russie, le silence puisse tout d'un coup tomber. La ligne de démarcation s'étendait sur plus de 400 kilomètres. Vers laquelle de chaque côté convergeaient des visions opposées du monde, des peurs, de la colère, de l'impuissance/résignation, de la pauvreté et des espoirs déçus.

De notre côté de la ligne de démarcation, les quartiers généraux des Opérations des Forces conjointes répétaient sans cesse qu'ils étaient prêts pour de véritables opérations militaires pour protéger notre territoire et sa population. Personne n'accuserait l'armée ukrainienne de lâcheté.

La force et la résilience sont les deux principales qualités de nos soldats.

Et pourtant, malgré l'instabilité de ce cessez-le-feu, il y a eu des semaines et des mois pendant lesquels nous n'avons pas perdu un seul de nos soldats…

Selon l'Organisation pour la Sécurité et la Coopération en Europe, plus de 18 000 violations ont été enregistrées au cours des cinq semaines précédant l'entrée en vigueur du cessez-le-feu et plus d'un millier pendant les sept semaines qui suivirent. À la fin de l'année, nous avions perdu 49 militaires au combat dans la zone des Opérations des Forces conjointes : 45 morts avant le début de la trêve et seulement 4 après. Et une vingtaine de blessés. Selon l'état-major, au cours de la même période, en 2019, il y a eu

36 morts et 129 blessés. En 2018, 51 morts et 304 blessés. En 2017, 60 morts et 308 blessés. Ces chiffres montrent une chose : malgré certaines provocations, l'accord de cessez-le-feu avait apporté quelque chose. Et même si la situation était loin d'être idyllique, en 2020, une commerçante d'un village dans les environs de Marinka commençait déjà à se réhabituer au silence. Comme elle, nous espérions tous que la paix règnerait bientôt au Donbass.

Mais aujourd'hui tout notre pays a été envahi et Marinka a été détruite.

CHAPITRE 6

La Presse contre le Président

Il est difficile d'accéder au pouvoir, mais il est encore plus difficile de s'y maintenir. Dans le cas de l'Ukraine, à cause de tous ses éternels insatisfaits et de la faiblesse de ses institutions, encore en gestation, il était souvent difficile de faire fonctionner la machine gouvernementale et surtout suivre le rythme impulsé par Zelensky.

Le comportement de l'ex-Président battu, Petro Porochenko, n'arrangeait pas les choses, bien au contraire. Il n'arrivait pas à accepter son écrasante défaite aux élections et dénia à Zelensky l'autorité qui accompagne une passation de pouvoir harmonieuse dans une démocratie. Au lieu de se retirer tranquillement de la vie politique comme le font généralement les anciens Présidents français ou américains, il continua de jouer au Président, en faisant fréquemment des déclarations politiques à la presse, en organisant des rencontres avec des chefs d'État étrangers lorsqu'il se rendait à l'étranger, en organisant des rassemblements et des manifestations politiques. Bref, en faisant tout ce qu'il pouvait pour créer un univers politique parallèle et alimenter les tensions dans un pays déjà à fleur de peau et fracturé. Il alla même jusqu'à prononcer une allocution sur une de ses chaînes de télévision le 31 décembre, diffusée juste avant celle de Zelensky, les traditionnels vœux du Président de la nation.

Malgré la piètre conduite de Porochenko, Zelensky ne se laissa pas abattre. Pendant sa campagne présidentielle, Zelensky avait convaincu les électeurs grâce à sa vivacité d'esprit et à son charme. Il s'est positionné comme un ennemi de la corruption en révélant les malversations de l'oligarque Porochenko – Zelensky dénonça notamment le népotisme de son adversaire et les contrats gouvernementaux qu'il accordait à ses amis. Pendant ses quatre mois de campagne, Zelensky a réussi à prendre le contrôle de la cette narration. Il obligea un adversaire beaucoup plus expérimenté à répondre à son discours simple et à ses reparties qui faisaient mouche. Un novice en politique, certes, mais un novice qui ne s'en laissait pas compter qui montra aux électeurs ukrainiens qu'ils avaient été exploités par leur gouvernement.

Pendant ses huit premiers mois en fonction, le Président Zelensky bénéficia du traditionnel état de grâce post élection. Il profitait de l'amour de ses électeurs. Tous les problèmes pouvaient être imputés à son prédécesseur, désormais écarté du pouvoir. La belle vie nous attendait. On peut affirmer que pendant cette période, Zelensky tomba dans le piège le plus dangereux pour un novice en politique : grisé par le sentiment de confiance excessive qui accompagne la victoire, il s'est relâché et a oublié, pendant un temps, que tout chef d'État élu démocratiquement peut connaître la défaite par la suite. Comme le savent la plupart des politiciens, la bataille ne se termine pas après la victoire électorale, le vote d'une loi ni même une victoire sur un champ de bataille. Gouverner un pays indiscipliné de quarante millions d'âmes est un travail de chaque instant.

Zelensky entama sa présidence avec grosso modo son équipe de campagne. Sans surprise, ses premières mises en agenda reprenaient en grande partie la même rhétorique, les mêmes méthodes et les mêmes stratégies qui lui avaient permis de remporter une victoire écrasante. Le gouvernement ne voyait aucune raison de changer le plan de jeu qui leur avait permis de remporter les élections. Cela fonctionna dans une certaine mesure, mais les faiblesses à long terme de certaines pratiques et le manque ou les limites en personnel qualifié commencèrent à apparaître au fur et à mesure que les responsabilités de la fonction devinrent plus apparentes. Le vieux cliché de la politique qui veut que l'équipe qui vous a permis de vous faire élire n'est peut-être pas la meilleure équipe pour gouverner le pays est venu se rappeler à son bon souvenir.

Pendant la campagne présidentielle, Zelensky n'a donné que très peu d'interviews. Ses managers, notamment Kyrylo Tymoshenko, qui devint son chef de cabinet adjoint en charge de la communication, étaient persuadés qu'un candidat à la présidence ne devait pas laisser les médias s'interposer entre le candidat et les électeurs. Une stratégie qui reposait sur la théorie que le message politique pouvait – et devait – émaner directement, et par conséquent, être complètement contrôlé par Zelensky lui-même. Andriy Bohdan, le premier chef de cabinet de Zelensky, ne laissa aucun doute sur ce point lors qu'il a déclaré à Radio Free Europe : « Nous nous adressons aux électeurs sans intermédiaires et sans journalistes. » Cette déclaration cavalière d'un membre officiel de l'équipe de Zelensky donna à croire que les journalistes ne seraient pas respectés ou considérés essentiels au maintien de l'ordre démocratique dans l'Ukraine de Zelensky.

Ces déclarations créèrent un énorme brouhaha qui a nui au Président, à son service de presse et à moi, son attachée de presse. Il y a des déclarations qu'il est juste impossible de rattraper ou d'adoucir, et c'était l'une d'elles – d'autant plus qu'à cette époque il y avait beaucoup de vrai dans la déclaration de Bohdan. Nous nous étions coupés de la population. Nous avions l'interdiction de répondre aux demandes des médias et étions obligés de refuser toutes les interviews, qu'elles émanent d'un organe de presse inconnu ou d'une publication internationale crédible comme CNN. Ce positionnement maladroit vis-à-vis des médias devint particulièrement problématique lorsque, début août 2019, une fausse lettre de démission du chef de cabinet du Président commença à circuler sur les réseaux sociaux. Selon la lettre, adressée au Président, le chef du cabinet demandait soi-disant à être démis de ses fonctions. Mais le chef de cabinet adjoint – que d'aucuns accusèrent d'avoir fait circuler la lettre – interdit au service de presse de démentir cette information. Nous dûmes éteindre nos téléphones au moment même où nous aurions dû publier un démenti pour dissiper les malentendus. Nous ne fûmes pas autorisés à confirmer ou nier la véracité de la lettre. Bohdan, le chef du cabinet, quitta finalement, en effet, ses fonctions quelques mois plus tard, en février 2020, mais les règles vis-à-vis des médias restèrent en place encore un moment et continuèrent de poser des problèmes.

Plus grave encore, le vide informationnel créé par notre silence a été rapidement comblé par les critiques émanant des plus farouches opposants de Zelensky. Tout le monde écoutait Petro Porochenko, le magnat de la presse et politicien, et Ihor Kolomoïsky, l'oligarque ukrainien déchu. Deux des acteurs antidémocratiques qui utilisaient leurs organes de presse pour étendre leur influence. Personne ne nous écoutait. Nous avions beau répéter que les journalistes jouaient un rôle essentiel dans la construction d'une société démocratique moderne, relations entre les médias et le service de presse du Président demeurèrent tendues, et cela même après le départ de Bohdan. Le problème s'étendait même à la presse internationale. Rétrospectivement, tout cela semble ironique, vu l'image positive dont bénéficie aujourd'hui Zelensky en tant que leader de la résistance ukrainienne.

Lorsque j'ai pris mes fonctions d'attachée de presse en juin 2019, voyant à quel point le message de Zelensky avait été entravé par la stratégie d'un autre âge de son équipe j'ai pris sur moi d'améliorer les relations avec les médias. Mes supérieurs m'ont vertement reproché d'accorder des interviews à des publications allemandes et françaises bien que j'aie eu l'aval de Zelensky en personne qui était ravi de leurs résultats. Même les adversaires du Président louèrent, à l'époque, les messages que nous avions fait parvenir, en son nom, à la chancelière allemande, Angela Merkel, et au Président français Emmanuel Macron. Mais un petit groupe de décideurs qui ne voulaient pas en démordre au sein de l'équipe gouvernementale était furieux contre moi. Je me suis fait remonter les bretelles pour avoir fait fuiter des informations et plusieurs membres du cabinet du Président se virent intimer l'ordre de ne pas m'adresser la parole. Je ne fis pas partie de la délégation lors du déplacement suivant à l'étranger, au Canada, et une interview du Président Zelensky à un journal canadien important, le *Globe and Mail*, fut annulée.

Malgré les revers, j'ai continué à défendre mon point de vue au sein de l'équipe. J'étais intimement persuadée que la réticence de l'équipe à laisser Zelensky parler à la presse envoyait le mauvais message au public et commençait à nuire au Président. La diaspora ukrainienne au Canada, un groupe puissant de loyaux supporters de notre pays, attendait impatiemment l'occasion d'entendre le prometteur nouveau chef d'État ukrainien. Au lieu de cela, sa visite trop contrôlée s'est presque transformée en insulte vis-à-vis de cette communauté. À leur retour en Ukraine, Porochenko capitalisa sur leur bévue. Il fit le tour de tous les plateaux sur lesquels il déclara que la diaspora ukrainienne devait se méfier des penchants prorusses de Zelensky, habilement dissimulés par la mystérieuse équipe de Zelensky. Le Président et le service de presse gardèrent, une fois de plus, le silence. Pas découragée, j'ai poursuivi ma campagne. J'ai marqué un petit point en décrochant une interview sur Deutsche Welle, la chaîne de télévision publique allemande.

Les luttes intestines au sein des organisations politiques sont, bien sûr, fréquentes. Mais les relations entre le Président Zelensky, son cabinet et les autres équipes réunies pour construire la nouvelle Ukraine dont nous rêvions commençaient à ressembler aux intrigues de palais qu'on peut voir dans les séries Netflix, pas à un gouvernement à la tête d'une jeune démocratie. Par mon statut de petite nouvelle au sein de l'équipe de Zelensky, il m'était difficile de m'opposer aux hommes puissants et fortunés qui l'avaient aidé à se faire élire et qui, maintenant, tentaient d'influer sur ses décisions. Ses collègues plus expérimentés de Kvartal 95 au sein du service de presse – des personnes qui travaillaient déjà avec Zelensky depuis plus de dix ans – avaient du mal à faire bouger les choses. Personne ne voulait entendre nos explications que ce problème ne provenait pas du service de presse ni des médias, mais plus d'un choc de visions. Les têtes pensantes étaient des entrepreneurs qui ne comprenaient pas qu'un Président dont la popularité reposait sur son rejet du vieux système politique doit être accessible et rendre des comptes. Et dans une démocratie, c'est la fonction de la presse de demander des comptes aux dirigeants. La transparence est essentielle. Ce n'est que lorsque la cote de popularité de Zelensky commença à battre de l'aile (59 % d'opinions favorables en janvier 2020, bien loin de son record de 73 % en avril 2019) que les relations avec la presse ont véritablement commencé à se réchauffer.

Très vite, Zelensky a mieux compris le besoin d'entretenir des relations avec la presse et a adopté une démarche plus stratégique vis-à-vis de la communication. Les conférences de presse devinrent plus fréquentes ; pendant ses séances, il ne se contentait pas de faire une déclaration, il répondait aussi aux questions des journalistes présents. Nous avons également commencé à répondre aux demandes des médias et les interviews avec des journalistes étrangers et ukrainiens devinrent partie intégrante de notre quotidien. Ces opinions, comme la mienne, qui avaient défendu une communication plus fluide avec le public avaient commencé à prévaloir.

L'idée que la stratégie consistant à camper sur ses positions en gardant le silence était la seule option pour un gouvernement soucieux de la bonne marche du pays a été rendue caduque par l'avènement des médias en ligne. Le monde n'a jamais connu une telle effervescence médiatique. Les personnages publics n'appartenant pas à la sphère politique sont omniprésents sur les réseaux sociaux et les individus fortunés disposent désormais d'une flopée de nouveaux outils leur permettant de véhiculer leurs idées auprès du grand public quand bon leur semble. Garder le silence dans cet environnement s'apparente à un abandon de poste. Dans le cas de l'Ukraine, les violentes attaques lancées par des groupes de pression cherchant à influencer l'opinion publique exigeaient une réaction à plusieurs niveaux de la part du gouvernement.

Il n'y a que dans les négociations diplomatiques délicates dans lesquelles des vies sont en jeu que le silence demeure la meilleure option. J'ai pu l'observer pendant les négociations conduites par le gouvernement ukrainien par l'entremise de canaux officieux pour finaliser un échange de prisonniers avec la Russie de 35 Ukrainiens : 11 militants, dont certains avaient été incarcérés pour avoir participé à des manifestations dénonçant l'annexion illégale de la Crimée par la Russie en 2014 (au rang desquels figurait le metteur en scène Oleg Sentsov dont le film *Rhino*, sorti en 2021, raconte l'ascension d'un délinquant violent au sein d'une organisation criminelle dans l'Ukraine des années 1990 avait été diffusé en avant-première, à la Mostra de Venise), et 24 marins capturés pendant une attaque russe en novembre 2018 et condamnés à une lourde peine dans une prison russe située tout au nord du pays. Pendant toute la durée des négociations en vue de leur libération et malgré les attaques lancées contre nous entre-temps, le corps diplomatique ukrainien œuvra dans un secret total. Dans un contexte aussi tendu politiquement, ce secret était nécessaire pour veiller à ce que ces négociations puissent se poursuivre sans subir d'ingérence indue.

Mais cela a bien failli ne pas être le cas. En juin 2019, Zelensky a organisé une réunion informelle avec des journalistes pour expliquer ses décisions vis-à-vis des pourparlers pour l'échange de prisonniers. Il demanda aux journalistes de ne rien écrire sur le sujet pendant deux semaines pour lui permettre d'obtenir le retour des prisonniers. Mais les négociations avec la Russie s'éternisaient. Au bout de deux semaines, quelques journalistes appartenant à des médias en ligne commencèrent à poster des messages dans lesquels ils exprimaient leur colère et expliquaient qu'ils avaient fait tout ce qu'on leur avait demandé afin de respecter le blackout des médias sur la question mais que le délai s'était écoulé et qu'ils ne pouvaient plus garder le silence plus longtemps.

À mon avis, l'attitude de ces journalistes démontrait non seulement une mauvaise connaissance des procédures diplomatiques, mais également un manque d'éthique et de compréhension des efforts auxquels tous les membres de l'équipe présidentielle avaient consenti pour les informer de la position du Président sur la question. Pourquoi choisir cet instant extrêmement sensible et risquer de mettre en péril le sort des prisonniers et les relations entre l'Ukraine et la Russie et de réduire à néant tous les progrès réalisés ? Sentsov et plusieurs de ses compatriotes se languissaient dans des geôles russes depuis cinq ans. La possibilité de rapatrier ces hommes était tellement fragile, et pourtant si ardemment désirée, que nos concitoyens, journalistes compris, avaient tout simplement du mal à contrôler leurs émotions. Chaque semaine, les Russes avaient une nouvelle exigence qui rendait le retour ces hommes plus incertain : ils marchandaient sur le choix des Ukrainiens qu'ils accepteraient de libérer et en échange de qui, sur les commentaires que ferait l'Ukraine sur plusieurs questions d'ordre géopolitique et si le nouveau leadership était prêt au dialogue et au compromis. La Russie est un adversaire redoutable dans une négociation qui passe la plupart de son temps à recourir à certaines manipulations, à exercer diverses pressions, à formuler des exigences et à s'adonner à divers chantages. L'équipe de négociateurs mandatée par notre gouvernement œuvra d'arrache-pied pour obtenir la libération de ces prisonniers ukrainiens.

La situation est restée bloquée pendant plusieurs mois. Soudain, le 29 août, les médias russes firent fuiter que les prisonniers ukrainiens étaient déjà sur le chemin du retour. Dans un moment d'euphorie, le tout juste nommé procureur général ukrainien partagea le flash d'info sur les réseaux sociaux. Bien qu'il n'ait été nommé que le jour même, les journalistes, et c'est compréhensible, ont interprété ce message comme une confirmation officielle d'une avancée décisive. Mais ce n'était pas le cas. Les chaînes de télévision envoyèrent des journalistes et des équipes de tournage dans tous les aéroports de Kyiv pour accueillir les prisonniers qui regagnaient le pays. Des chaînes Telegram anonymes, le canal préféré pour diffuser la désinformation des spécialistes russes de la guerre numérique, enjolivèrent la nouvelle de la libération des prisonniers à grand renfort de détails inventés de toutes pièces et en citant des sources inexistantes. Au matin, le chaos régnait en maître sur l'espace informationnel. Les membres des familles pleuraient au téléphone et demandaient à être autorisés à retrouver les héros rapatriés que cela serait possible. Les réseaux sociaux fourmillaient de messages s'extasiant de leur retour – comment ne pas croire cette nouvelle alors que tout le monde ne parlait que de cela ?

Nous avons compris qu'il s'agissait encore d'un autre coup tordu cruel des Russes lorsque les demandes des journalistes commencèrent à affluer auprès du service de presse du gouvernement. La Russie voulait mettre en exergue la fragilité de notre espace informationnel et à quel point notre nouveau gouvernement était mal équipé pour affronter la machine de guerre numérique non conventionnelle qu'elle perfectionnait depuis une décennie. Malheureusement, dans ce cas précis, elle y parvint. Cette désinformation a encore fait monter les enchères en nous plaçant dans une position très inconfortable vis-à-vis de nos concitoyens à qui nous tentions d'expliquer l'inexplicable. Grâce à ce coup tordu, la Russie avait pris un avantage crucial qui lui a permis d'augmenter ses exigences pour accepter la libération des prisonniers. Devoir refroidir les attentes en Ukraine a fragilisé notre position à la table des négociations.

Les Ukrainiens étaient passés pour des imbéciles mais peu étaient disposés à admettre qu'ils étaient tombés dans un piège. La déception ne s'est pas installée tout de suite mais elle s'est lentement transformée en animosité publique envers le cabinet du Président.

Le lendemain matin de cette fausse alarme, j'ai ouvert ma boîte mail et j'ai mesuré l'étendue de cette campagne de désinformation. Mais nos adversaires n'en restèrent pas là. Il y a eu une deuxième fausse alarme le soir du 6 septembre. Un compte Twitter créé par un individu appelé « Zelensky » fit circuler une autre fausse annonce du retour des prisonniers. Pour en rajouter, Interfax, l'agence de presse russe pro-Kremlin, publia un article dans lequel elle disait que l'information provenait du compte qui prétendait être celui du Président.

L'échange de prisonniers eut finalement lieu, un véritable échange cette fois, le 7 septembre 2019, dans l'après-midi. La nation ukrainienne poussa un soupir de soulagement. Beaucoup dans les médias oublièrent les insultes qu'ils avaient précédemment lancées à Zelensky et remercièrent le Président de ce qu'il avait fait.

L'échange de prisonniers en 2019 fut le premier de nombreux événements dramatiques qui se succédèrent qui mirent en évidence les qualités de leader de Zelensky.

Il avait tenu la promesse faite avant son élection : il servirait la population ukrainienne du mieux de ses capacités. Zelensky avait réussi essentiellement grâce à sa persévérance et à sa discrétion. Grâce au succès indiscutable de l'échange des prisonniers, la possibilité de négocier un traité de paix pour mettre fin au conflit au Donbass commença à être évoquée.

Fin avril 2020, Zelensky avait déjà obtenu le retour d'environ 150 prisonniers ukrainiens capturés par la Russie *via* plusieurs échanges. Il y est parvenu en partie grâce à la mise en place par son équipe de techniques de communication sophistiquées avec la presse, le public et ses homologues sur la scène internationale. Zelensky a compris la leçon : le monde d'aujourd'hui exige tout un portefeuille d'options pour lutter contre la désinformation. Il est déconseillé de se contenter de garder le silence sur une question cruciale aux yeux du public, à moins d'avoir au préalable pris en considération toutes ses conséquences sur les relations avec la presse, sur nos concitoyens et sur le monde. Mais il a également compris qu'il fallait savoir garder soigneusement le secret en certaines situations bien précises, notamment lorsqu'il s'agissait de résoudre des crises majeures.

Zelensky a pris l'habitude de recueillir des données brutes auprès de plusieurs personnes qui gravitent autour de la présidence. Il agrège et analyse ces informations tout seul et cela lui permet, ensuite, très souvent de prendre une décision à laquelle personne n'avait pensé. Dans un pays comme l'Ukraine, en pleine transition générationnelle de l'oligarchie à la démocratie, c'est quelque chose de crucial pour abandonner les vieilles hypothèses sur nos concitoyens et leurs aptitudes. Une leçon qui lui sera des plus utiles après l'invasion russe en 2022.

Le service de presse venait juste de pousser son premier soupir de soulagement lorsque nous eûmes vent de la dramatique tentative de Donald J. Trump de forcer la main au Président ukrainien. Au cours d'un appel passé le 25 juillet 2019, Trump avait demandé à Zelensky « de nous rendre un service ». Selon la transcription de l'appel avec Zelensky, Trump voulait qu'il annonce que les autorités ukrainiennes lançaient une enquête sur les liens entre Burisma, une compagnie pétrolière ukrainienne, et un des membres de son conseil d'administration, Hunter Biden. Hunter était le fils de Joe Biden qui avait récemment annoncé sa candidature à la présidence des États-Unis et était devenu l'adversaire le plus probable de Trump dans les prochaines élections de 2020.

Début août 2019, mes sources m'ont informée que les États-Unis prévoyaient de geler l'aide militaire de 250 millions de dollars destinée à l'Ukraine. J'ai immédiatement tenté d'alerter Andriy Yermak, le conseiller du Président en matière de relations internationales, sur la gravité de cette décision (Yermak deviendrait par la suite le deuxième chef de cabinet de Zelensky). Yermak n'était pas au courant de cette menace sur l'aide promise et mes tentatives pour le convaincre du besoin d'agir promptement n'ont pas généré le niveau de réaction requis. Depuis 2014, les États-Unis ont octroyé une aide militaire de 250 millions de dollars à l'Ukraine en réponse à l'annexion de la Crimée par la Russie et de son attaque au Donbass. L'Ukraine comptait sur l'aide américaine pour soutenir son combat dans les régions orientales du Donbass contre la Russie et les séparatistes soutenus par la Russie.

La presse internationale annonça par la suite que Trump essayait de mettre en place un échange de bons procédés : l'aide ne serait débloquée que si l'Ukraine annonçait publiquement lancer une enquête sur le fils de Joe Biden. Trump, de toute apparence, ne semblait pas se soucier ou savoir à quoi servait cette aide américaine – qu'elle soutenait la position de l'Ukraine en tant que défenseur des intérêts de l'Europe et du monde occidental à la frontière russe. Il semblait qu'il cherchait uniquement à discréditer Biden, le candidat démocrate. En Ukraine nous étions, franchement, consternés par la perspective d'un retrait aussi soudain de l'aide d'un allié important. Heureusement, la confusion et les querelles internes provoquées par les campagnes de désinformation de la Russie dissimulaient la gravité de la situation. Nous n'avons donc rien fait de notre côté ; personne n'a donné suite à la demande du Président Trump de diligenter une enquête sur Hunter Biden mais personne n'a, non plus, cherché à vérifier que l'Ukraine recevrait l'aide américaine déjà budgétée.

Je n'ai pas assisté à la tristement célèbre conversation entre Zelensky et Trump mais je sais que le Président ukrainien a été interloqué par la décision de la Maison-Blanche de rendre publique la transcription de cet appel. Personne n'a demandé la permission de l'Ukraine ; on nous a juste informés que la transcription serait rendue publique aux États-Unis d'ici une heure ou deux. La presse aux États-Unis – et ailleurs – en fit immédiatement ses choux gras. Je croulais sous les messages, les appels et les questions des journalistes du monde entier.

Pendant ce temps, Zelensky, profondément contrarié d'avoir vu sa conversation privée révélée au monde entier, refusa de faire le moindre commentaire sur le sujet. Il essayait de ne prendre parti pour aucun des camps qui se déchiraient aux États-Unis : ceux qui prétendaient que Trump conditionnait l'aide américaine à une enquête sur Hunter Biden dans le cadre d'un échange de bons procédés et ceux qui prétendaient que ce n'était pas le cas et que les deux questions n'étaient pas liées.

Mais voilà, les seconds étaient au pouvoir à ce moment-là aux États-Unis et étaient les seuls qui pouvaient débloquer l'aide. La situation était précaire. Le silence de Zelensky, à ce moment-là, était, selon moi, la meilleure option. Il était difficile pour l'Ukraine qui avait l'image d'une nation indépendante et forte, de devoir quémander de l'aide pour soutenir notre armée. L'annexion par la Russie de la Crimée et sa guerre au Donbass nous avaient mis exactement dans cette position.

À l'échelle internationale, au vu des discussions autour de la question de l'aide à l'Ukraine, les choses paraissaient des plus simples : Trump avait tenté de faire pression sur nous. Il voulait utiliser l'Ukraine pour ternir la réputation de son rival politique en inventant une histoire que son électorat voulait entendre – que Joe Biden était corrompu à cause des activités de son fils en Ukraine.

Mais, à notre échelle, les choses étaient plus complexes. Les sentiments de l'Ukraine sur la soi-disant corruption de Hunter Biden n'entraient pas en ligne de compte. Méritait-elle qu'on lançât une enquête ? Cela avait-il la moindre importance ? De notre point de vue, non. Il n'était même pas Ukrainien. L'important était d'adopter une position qui nous permettait de conserver l'aide militaire cruciale pour résister à l'attaque russe. Mais nous voulions également éviter toute ingérence de notre part dans les élections américaines – et d'ailleurs, il était tout à fait concevable que le père de Hunter, Joe, pourrait bientôt devenir le prochain Président, il n'était donc certainement pas dans notre intérêt de nous aliéner les États-Unis. Ils étaient un allié fiable qui nous a depuis apporté une aide militaire cruciale. Sans l'aide militaire et financière des États-Unis allouée à l'Ukraine par le gouvernement Biden – et celle reçue de nombreux autres alliés –, nous n'aurions pas pu résister à la grande offensive russe en 2022.

Ce scandale international fit énormément de bruit. Le Congrès américain organisa des auditions pour destituer Trump à cause de sa tentative d'extorsion. L'Ukraine se retrouvait à la une de tous les principaux médias étrangers dans lesquels elle était malheureusement présentée comme une victime de son allié de longue date. Le Président Zelensky n'aimait pas la façon dont l'Ukraine était dépeinte mais par le rôle de Trump dans cette affaire, toutes nos tentatives de changer la narration étaient vouées à l'échec. Au final, l'aide militaire américaine de 400 millions de dollars à l'Ukraine a été débloquée. Nous n'avons donc subi aucun préjudice financier.

Zelensky n'a jamais reçu d'invitation officielle à la Maison-Blanche promise par Trump pour l'y rencontrer mais la rencontre finalement eut lieu. En marge de la réunion annuelle de l'Assemblée générale de l'ONU, à New York, en septembre 2019, une réunion bilatérale a été organisée pour dissiper tout malentendu à la suite de la publication de la transcription de leur appel.

Je faisais partie de la délégation pendant ces discussions. J'ai écouté attentivement leur échange mais le sujet du scandale ne fut tout simplement pas abordé. Comme s'il ne s'était jamais produit. C'était, peut-être, après tout, une bonne idée d'avoir publié la transcription de la conversation téléphonique en amont pour éviter que les commentaires à son sujet ne soient au centre des débats pendant cette rencontre. Les deux chefs d'État ont discuté des relations mutuelles entre les deux nations, et les États-Unis assurèrent l'Ukraine de leur soutien dans leur lutte contre l'invasion russe au Donbass. Et bien que Trump louât les efforts de Zelensky dans sa lutte contre la corruption et se fit un devoir de dire que la réputation de Zelensky était intacte, il n'arrêta pas d'aborder le sujet de la corruption en Ukraine sans la moindre raison, ce qui contraria Zelensky, sachant que le gouvernement avait déjà fait des progrès importants pour nous débarrasser de ce fléau.

Un membre de notre équipe, en charge des relations ukraino-américaines, était persuadé que le Président Zelensky aurait dû promettre de lancer une enquête pour s'attirer les bonnes grâces du gouvernement Trump (je tairai son nom parce que cette seule information pourrait lui attirer des ennuis). Pendant le vol retour vers Kyiv, cette personne a également déclaré que les discussions que nous venions d'avoir ne s'étaient pas bien passées. Zelensky s'approcha de lui, sourit, posa la main sur son épaule et lui dit : « Tout est pour le mieux. »

Avec ces cinq mots, Zelensky a clos le sujet du scandale américain pour son équipe. Et il avait raison. Ce scandale n'avait rien changé dans notre relation avec les États-Unis et nous avions réussi à éviter de nous retrouver entraînés dans le violent affrontement politique qui faisait rage dans le pays. Ce conseiller a quitté le gouvernement un peu plus tard et nous sommes rentrés chez nous affronter le prochain tumulte médiatique qui accaparerait notre attention et nous détournerait de nos objectifs.

En Ukraine, le scandale n'a pas fait autant de bruit – certainement pas autant qu'aux États-Unis. Les informations au sujet du procès en impeachment de Trump et sa dimension ukrainienne ont traversé l'Atlantique et l'Europe pour arriver jusqu'à nous mais il a eu peu d'impact sur l'Ukrainien lambda. Le commentaire de Zelensky dans une interview résumait son sentiment et celui de tout le pays : « Je pense que tout le monde en Ukraine est tellement fatigué d'entendre parler de Burisma. Nous avons notre pays. Nous avons notre indépendance, nous avons nos problèmes et nos questions. »

Le premier commentaire de Zelensky sur sa désormais célèbre conversation avec Trump au cours d'une interview avec quatre journalistes d'Allemagne, de Pologne, de France et des États-Unis plus tard cette même année était complètement spontané. À la fin de l'interview, un journaliste de *Time Magazine* lui posa une question sur Trump. Zelensky répondit : « Écoutez, il n'a jamais été question au cours de mon entretien avec le Président d'un éventuel échange de bons procédés. Ce n'est pas mon genre… Je ne veux pas que nous passions pour des mendiants. Mais vous devez comprendre. Nous sommes en guerre. Si vous êtes notre allié stratégique, vous ne pouvez pas bloquer une aide qui nous est destinée. Je pense qu'il s'agit de faire ce qui est juste. Cela n'a rien d'un échange de bons procédés. Cela me semble évident. » Grâce à cette réponse simple, Zelensky a fait la une du numéro du 16 décembre 2019 de *Time Magazine*.

Pendant tout cet automne, nous avons tout fait pour changer les relations entre l'Ukraine et la Russie. Après l'échange de prisonniers parmi lesquels figurait Sentsov, nous avons engagé des négociations actives pour reprendre les pourparlers entre les dirigeants de l'Ukraine, de l'Allemagne, de la France et la Russie en vue de négocier un traité de paix au Donbass. Notre pays a été inondé d'affirmations fausses et contradictoires d'un Zelensky à la fois prorusse et ravi du retour des prisonniers.

Ce déluge d'informations avait eu pour effet d'augmenter l'empathie des Ukrainiens pour leur jeune (Zelensky avait, à l'époque, quarante et un ans) et charismatique Président qui était sur le point d'affronter le dictateur russe vieillissant (Poutine avait soixante-sept ans) au cours des futurs pourparlers de paix pour mettre fin au conflit au Donbass qui durait depuis presque six longues années. Il avait coûté la vie de milliers de soldats ukrainiens tombés pour la défense de notre territoire et reposant aujourd'hui dans des cimetières dans tout le pays. Nous devions à tout prix mettre fin à ce conflit. Nous voulions tous mettre fin à la guerre, à son coût humain exorbitant et soigner les blessures de notre pays.

Grâce à cette approche nuancée – et au changement de stratégie de communication après la démission du premier chef de cabinet de Zelensky, au printemps 2020 –, nos relations avec les journalistes et les médias commencèrent à s'améliorer. Au sein du cabinet du Président, quelles que soient les décisions politiques prises, il y avait à présent des personnes responsables de la communication qui étaient autorisées à parler et à donner aux médias un feedback sur la plupart des événements qui méritaient un compte-rendu. Le cabinet du Président a appris à communiquer sans divulguer de secrets, calomnier ses adversaires ni utiliser des *fake news*. Cela paraît simple avec le recul, mais il a fallu de nombreuses luttes internes pour changer la culture qui avait prévalu pendant des années à la tête de l'État ukrainien. Et même s'il restait de nombreux problèmes de communication, les changements de personnel au sein du cabinet du Président eurent des effets positifs.

En 2019, avant les élections, l'équipe de Zelensky n'avait pas ménagé ses efforts pour changer son image et transformer l'humoriste en dirigeant politique, le dirigeant connu aujourd'hui dans le monde entier. En plus de clips extraits de sa série populaire *Serviteur du peuple* et de nombreuses allocutions vidéo, il y a eu une campagne publicitaire dans laquelle on voit Zelensky s'exprimer avec, en toile de fond, un enregistrement sur lequel on voit le « grand communicateur » américain, le Président Ronald Reagan, dans l'espoir que la magie de Reagan déteigne sur lui. Les consultants politiques de Zelensky voulaient qu'il imite les discussions de Franklin D. Roosevelt au coin du feu – les discours à la radio prononcés par FDR pendant la Grande Dépression et la Seconde Guerre mondiale –, mais Zelensky repoussa l'idée.

Mais après l'invasion russe en 2022, pendant la guerre, sans cheminée et pas obligatoirement le soir, Zelensky enregistra, sur ce modèle, de brèves allocutions de dix à douze minutes pour le peuple ukrainien pour tuer dans l'œuf les rumeurs, expliquer ses décisions directement à ses compatriotes et remonter le moral de la population. Pas rasé, avec des valises sous les yeux et les traits tirés, il oubliait le numéro de charme mais cela ne lui en conférait que plus. Il parlait de ce qui était essentiel, de ce qui était important pour tout le monde tout en instillant de la confiance en ces temps de désespoir et d'incertitude.

CHAPITRE 7

Le fin négociateur

La politique ressemble à un mauvais film – les gens surréagissent, en font trop. Lorsque je m'entretiens avec des politiciens, je le vois dans leurs expressions faciales, leurs regards, leur façon de plisser les yeux… J'observe tout avec l'œil d'un producteur. Je regardais une scène sur le moniteur, et le metteur en scène et moi hurlions : « Stop, ça suffit, c'est irregardable ! Personne n'y croira jamais ! » C'est la même chose ici, sauf qu'ici je n'ai pas le droit de hurler. Je n'ai pas le droit de dire « Stop ! Je ne crois à aucune de toutes vos promesses ! »

—VOLODYMYR ZELENSKY

(INTERVIEW AU *NEW YORKER*, 4 NOVEMBRE 2019)

J'ai pu voir comment Volodymyr Zelensky négociait avec les leaders étrangers le 4 juin 2019, à Bruxelles, le lendemain de ma nomination au poste d'attachée de presse. Comme beaucoup, je m'étais demandé comment cet homme, qui avait, certes, une expertise considérable de la sphère économique mais pas la moindre en politique, se conduirait dans cet environnement. J'ai été réellement et agréablement surprise. Il était préparé, il savait de quoi il parlait et il a dit tout ce qu'il avait besoin de dire et pas un mot de plus. Il avait des notes qu'il avait ensuite écartées, comme s'il n'en avait plus besoin. Au début, personne à Bruxelles ne savait quoi penser de lui, à l'exception, peut-être, des loyalistes de l'ancien Président Petro Porochenko, qui avait de nombreux contacts en Europe où il avait la réputation d'être proeuropéen. Ils n'attendirent pas la venue de Zelensky dans la capitale de l'UE pour en dresser le portrait le plus noir possible. Bien aidés en cela par l'opposition ukrainienne qui avait fait circuler des *fake news* dans les médias à propos de ses prétendus penchants prorusses, fait grand cas de ses liens étroits avec un des plus puissants oligarques d'Ukraine, Ihor Kolomoïsky, qui était l'actionnaire majoritaire de la chaîne de télévision qui diffusait *Serviteur du peuple*.

Zelensky était parfaitement conscient, à cet instant, que faisant ses premiers pas en tant que chef d'État sur la scène internationale, il devait donner l'image d'un politicien et d'un patriote. La déférence à l'égard de ses homologues plus expérimentés à Bruxelles n'était pas quelque chose d'inné chez lui ; toutes les fibres de son être la refusaient. Pendant les années où j'ai travaillé à son service, je l'ai régulièrement entendu demander de faire disparaître toute trace d'auto-apitoiement ou de pathos dans ses textes et dans ses discours. Au cours de cette visite, le Président Zelensky utilisa tous les moyens à sa disposition pour montrer que ses interlocuteurs ne devaient pas le considérer comme un invité mais plutôt comme un allié fiable sur lequel on pouvait compter, voire un ami. Il savait que l'aide macroéconomique considérable dont bénéficiait l'Ukraine (1,2 milliard d'euros) était en jeu. Il voulait donc démontrer à la commission qu'il cherchait, avant tout, à défendre les intérêts de l'Ukraine. En plus de l'aide, Zelensky voulait également signer des accords aériens (le droit de survoler un espace aérien) bilatéraux avec tous les pays de l'UE et augmenter l'activité commerciale entre l'Ukraine et ses voisins occidentaux membres de l'UE.

Dans ce genre de sommet, les négociations se conduisent, généralement, dans les langues officielles des pays et des organisations internationales représentées à la table par l'entremise d'interprètes. À de rares exceptions, le Président Zelensky s'exprima en ukrainien et des interprètes traduisaient pour les autres dirigeants parlant anglais, français, allemand, arabe, hébreu, japonais et j'en passe. Un des commissaires européens, un Letton, parlait russe. La Lettonie a été une république de l'URSS pendant cinquante ans. Presque tous les Lettons connaissent ou comprennent le russe, comme les Ukrainiens ou tous les habitants des anciennes républiques soviétiques. Zelensky y a vu une chance de nouer un lien par le biais d'une langue commune et d'échapper à ces échanges rendus un brin guindés par le recours à l'interprétation en direct et la traduction. C'était la chance de créer une connivence entre eux, un lien intangible. La langue, après tout, n'est pas qu'un outil de communication. Une même langue est le signe d'une histoire commune, d'un passé commun et d'un ensemble de valeurs communes auxquelles il est possible de faire appel. En russe, les échanges entre les deux parties devinrent sensiblement plus amicaux. Comme ils se comprenaient facilement et pouvaient parler plus librement, et même plus chaleureusement. À la fin de la conversation, ils s'appelaient tous les deux par leurs prénoms.

Il subsistait quelques désaccords sur certains points mais le Letton est reparti absolument convaincu que Zelensky voulait ancrer durablement l'Ukraine dans l'Europe. Porochenko, pendant ce temps, restait une épine dans le flanc de Zelensky. Il attaquait les efforts du nouveau gouvernement et Zelensky en personne en faisant circuler des tombereaux de désinformation sur toutes ses chaînes et fragilisa leurs tentatives d'établir de bonnes relations. Il alla même jusqu'à financer des manifestations contre les décisions du gouvernement et, parfois même, contre celles qui avaient été adoptées sous sa présidence.

Mais au lieu de s'appesantir sur les attaques de Porochenko, Zelensky préféra se concentrer sur l'importance de la continuité institutionnelle, un des plus importants indicateurs de la force d'un État. Il a très vite compris que sa principale tâche consistait à incarner l'Ukraine en tant qu'État souverain totalement indépendant. Il se montrait toujours respectueux avec ses homologues mais sans jamais tolérer le moindre propos dénigrant la souveraineté de l'Ukraine ou minimisant l'importance de la crise en cours à sa frontière orientale avec la Russie. Il martelait encore et encore ses arguments, souvent avec passion, en utilisant de nouveaux mots et en introduisant d'autres arguments pour étayer sa conviction que la capitulation devant les politiques expansionnistes de la Russie n'était pas une option.

Olena Zelenska, qui connaît Zelensky mieux que quiconque, dit toujours que son mari est quelqu'un de tenace. C'est la vérité. Il défendait inlassablement les valeurs de l'Ukraine. Un jour, il est resté deux heures, au lieu de celle initialement prévue, avec le Premier ministre italien pour négocier la libération de Vitalii Markiv, un garde national ukrainien qui avait été injustement incarcéré après la mort du journaliste Andrea Rocchelli au cours des affrontements entre la Russie et l'Ukraine. Il répétait infatigablement ses arguments pendant les négociations pendant les pourparlers du sommet Format Normandie à Paris.

Une ténacité inébranlable combinée à une certaine hardiesse pour atteindre ses objectifs étaient deux de ses traits de caractère. Des qualités qui ont permis à Zelensky de réussir en tant qu'entrepreneur et en politique.

Beaucoup de politiciens optent pour l'inaction dans un souci d'autopréservation. Ils redoutent l'action parce qu'un écart du statu quo, aussi pures les intentions soient-elles, pourrait aggraver la situation et provoquer un retour de bâton. Mais dans certains cas, comme l'apprendrait bientôt Zelensky, l'inaction pouvait provoquer des problèmes beaucoup plus importants.

Le 21 juin 2020 fut une très mauvaise journée. À Loutsk, une ville à l'ouest de l'Ukraine, Maksym Kryvosh, qui s'était autobaptisé « Maksym Plokhoï[20] », a pris en otages un groupe d'une vingtaine de personnes comprenant des enfants, des personnes âgées et des femmes enceintes. Nous observions, à distance, le déroulement des événements tout en préparant la réponse de l'Ukraine. Cette prise d'otages m'a rappelé mon enfance. Ces otages me ressemblaient, ils ressemblaient aux passagers de ces vieux bus que je prenais, dans mon enfance, pour aller d'un village à un autre. En hiver, il régnait un froid glacial à l'intérieur de ces bus qui sentaient le renfermé en été, l'odeur de l'essence pénétrait à l'intérieur pendant le trajet.

---

20. Maksym le mauvais (NDT).

Kryvosh avait des armes à feu et des explosifs. Et il prétendait avoir installé d'autres explosifs – des mines terrestres – dans toute la ville. Tout cela ressemblait au scénario d'un film hollywoodien de série B. Le déséquilibré exigeait qu'un groupe de politiciens et de responsables des forces de l'ordre publient un communiqué dans lequel ils admettaient être des terroristes et que Zelensky, en personne, fasse la promotion de *Terriens*, un film dénonçant la cruauté humaine envers les animaux.

Maksym Plokhoï était Russe. Il avait purgé une peine de huit ans et demi pour vol à main armée et avait des antécédents de violence conjugale, selon les informations des médias. Il détenait des otages terrifiés depuis presque toute une journée. Pendant ce temps-là, Zelensky s'entretenait avec Simonetta Sommaruga, la Présidente de la Confédération suisse, qui était en visite en Ukraine, une rencontre prévue de longue date. C'était la première visite d'un chef d'État depuis la fin du confinement dû au COVID-19.

Tout au long de cette journée, Zelensky interrompit plusieurs fois son entretien pour suivre l'évolution de la prise d'otages. Des négociateurs étaient déjà à pied d'œuvre à Loutsk depuis plusieurs heures pour mettre fin à la crise.

Mais Maksym avait à présent une nouvelle exigence : il voulait que Zelensky se rende à Loutsk pour le rencontrer.

Une exigence qui n'a, bien sûr, jamais été envisagée mais cela nous a offert une ouverture. Les négociateurs ont promis à Maksym que Zelensky viendrait le rencontrer. Ce serait, en réalité, un détachement des forces spéciales ukrainiennes qui viendrait à sa rencontre. L'escouade se ferait passer pour une équipe de journalistes télévisés, maîtriserait Maksym et libérerait tous les otages après avoir arrêté le terroriste. Mais ce plan n'a pas dépassé le stade de projet.

Le Président a pris le téléphone, composé le numéro du preneur d'otages et a immédiatement obtenu des résultats. « Un échange téléphonique entre le Président Volodymyr Zelensky et un homme se faisant appeler Maksym Plokhoï qui a pris en otages un bus rempli de passagers à Loutsk, a permis la libération de trois passagers. Le Président continue de suivre la situation », disait le message que nous avions rapidement transmis aux médias après son appel.

La crise n'était pas encore complètement résolue. Comme il l'avait promis au terroriste, Zelensky a immédiatement enregistré une brève vidéo dans laquelle il faisait la promotion du film *Terriens*. Un peu plus tôt, plusieurs personnes avaient tenté de négocier avec le terroriste par téléphone mais aucune n'était parvenue à garder Maksym Plokhoï en ligne ne serait-ce qu'une minute. Ce dernier raccrocha même plusieurs fois au bout de quelques secondes.

Mais il resta en ligne avec Zelensky pendant plus de dix minutes lorsque le Président l'a appelé. Cela a pris toute la soirée, mais Maksym a finalement rempli sa part du marché et a libéré tous les otages. La libération a été diffusée à la télévision. Le terroriste a été arrêté sans qu'il y eut besoin de recourir à la violence. Le Président a ensuite effacé la publicité qu'il avait faite pour le film avant de rentrer chez lui. Zelensky avait fait son travail pendant une journée difficile.

Mais l'hystérie entourant cette crise ne s'est pas calmée. L'opposition accusa le Président d'avoir cédé aux exigences du terroriste. Nous étions en face d'une situation dans laquelle le chef de l'État avait pris ses responsabilités, fait preuve de retenue et obtenu des résultats positifs malgré le risque de répercussions politiques. Plusieurs rivaux de Zelensky décidèrent qu'ils pouvaient faire grimper leur cote de popularité aux dépens du Président en multipliant les apparitions devant les caméras pour critiquer sa gestion de la crise.

Le service de presse du gouvernement a enjoint le Président d'expliquer à la population, avec ses propres mots, le déroulé des événements. Sa voix portait beaucoup plus que celle de tous ses adversaires. Une explication détaillée des actions entreprises pour libérer ces otages en évitant un bain de sang aurait plus de poids que toutes les attaques dirigées contre lui.

Ce sont des moments impossibles à oublier. Nous sommes, de nouveau, retournés au bureau. Nous avons terminé à 1 heure. Nous avons rédigé un communiqué et nous avons regagné nos foyers. J'ai encore en mémoire la déclaration de Zelensky après la libération des otages : « J'ai pris les décisions suivantes : nous ferions tout ce qui était en notre pouvoir pour obtenir un résultat positif sans prendre le bus d'assaut pour ne pas risquer la vie ne serait-ce que d'un seul individu. Ce sont mes principes, des principes qui ont été les miens tout au long de ma vie et qui le resteront – je veux être un Président qui reste, avant tout, un être humain. Nous ne cherchons pas la popularité, nous cherchons à sauver des vies. » Il est, bien sûr, impossible de comparer une négociation avec un terroriste à l'esprit dérangé comme Maksym Plokhoï avec un face-à-face avec Poutine. Poutine était un agent du KGB avant de devenir un dictateur sanguinaire disposant d'un énorme arsenal nucléaire et d'une des armées les plus importantes du monde, mais Zelensky montra ce soir-là une fibre morale dont Poutine ne sera jamais capable. Son communiqué exprimait le sincère respect de notre pays pour la vie humaine et considérait nos compatriotes comme des êtres humains et non pas comme des pions. Ce sont les valeurs fondamentales qui nous définissent, nous autres Ukrainiens en tant que nation européenne et démocratique. Les nations vraiment fortes font grand cas de la vie ; cela seul est le secret de notre indestructibilité.

En 2022, les premières négociations avec la Russie étaient éminemment plus compliquées et périlleuses que tout ce que Zelensky avait affronté jusqu'à ce jour, et au moment où je rédige ces lignes, les résultats demeurent incertains. Le principal objectif de Zelensky a toujours été d'arrêter le massacre de masse absurde d'Ukrainiens et la destruction inutile de notre pays. Il n'était pas présent à la table des négociations mais il suivait les choses de très près à distance.

Les premiers groupes de négociateurs d'Ukraine et de Russie se rencontrèrent en Biélorussie puis en Turquie. Moscou commença par exiger la complète capitulation de l'Ukraine, un premier signe du manque de volonté flagrant de Poutine de mettre fin à la guerre. Les Russes exigeaient la démilitarisation de l'Ukraine, que cette dernière reconnaisse la souveraineté de la Russie sur la Crimée et cède toute la région du Donbass. Ils exigeaient également que le gouvernement ukrainien abdique en faveur d'un gouvernement fantoche contrôlé par les Russes. Et, enfin, ils exigeaient la « dénazification » de l'Ukraine. Une exigence absurde : plusieurs membres du gouvernement de Zelensky étaient de confession juive et il a, lui-même, des racines juives. Plusieurs membres de sa famille ont été assassinés par les véritables nazis. Les exigences étaient complètement ridicules, aucun représentant du gouvernement ne pouvait les accepter et tant que nous refuserions de les accepter, Poutine refusa de rencontrer Zelensky en tête à tête pour essayer de trouver un compromis.

Alors que les combats se poursuivaient et que de plus en plus de soldats ukrainiens – et russes – perdaient la vie, ces négociations virèrent à la farce. Un mois et demi après le début du conflit, le chef de la délégation ukrainienne, Davyd Arakhamia, raconta qu'« au début, il avait eu envie de se lever et de quitter la table. Les ultimatums étaient terribles. » Les négociations étaient difficiles. L'Ukraine négociait avec un État terroriste.

Tous les Ukrainiens et notre Président étaient parfaitement conscients que l'armée ukrainienne et les civils qui combattaient à ses côtés étaient les principaux négociateurs dans cette guerre. L'armée a brillamment combattu contre la machine de guerre russe et a infligé de terribles pertes à l'armée russe. Sans oublier, bien sûr, les citoyens lambda ukrainiens, sans armes, qui ont empêché l'avancée des tanks, résisté contre une énorme armée et manifesté contre l'occupation russe de villes, notamment à Kherson, malgré les tirs d'armes à feu essuyés.

La Russie ne comprend que la force. Le gouvernement russe ne négociera ou ne cherchera un compromis que s'il pense que l'Ukraine est capable d'infliger une défaite à la Russie. Si l'armée ukrainienne et notre peuple ne se battent pas, ne manifestent pas et ne l'emportent pas, la Russie n'acceptera jamais de s'asseoir à la table des négociations.

CHAPITRE 8

Le pouvoir de la langue

Nous continuerons de parler russe.
Nous ne laisserons personne privatiser la langue russe.

—VOLODYMYR ZELENSKY, MESSAGE VIDÉO,
5 MAI 2021

Il est difficile de comprendre de l'étranger, l'importance de la question de la langue dans les ex-républiques soviétiques. Par son histoire, l'Ukraine est une mosaïque ethnique et linguistique. L'ukrainien et le russe sont les deux principales langues dans notre pays (l'ukrainien est la langue maternelle d'environ 76 % de la population, le russe d'environ 18 % et un petit pourcentage de langues régionales pour les autres) et ont cohabité, dans l'ensemble, dans une sorte d'équilibre. Dans les faits, beaucoup de personnes parlent les deux indifféremment.

Pourtant, aujourd'hui, les débats autour de la langue réveillent des traumatismes profondément enracinés dans la mémoire collective ukrainienne. Des traumatismes provoqués par les nombreuses tentatives de la Russie d'interdire notre langue et d'annihiler notre culture depuis le règne de Catherine la Grande afin de nous maintenir sous son joug. Peu de personnes, sauf nous, par exemple, savent que depuis le XVIIe siècle, Moscou a tenté au moins quarante fois d'interdire la langue ukrainienne. Des tentatives qui se sont révélées vaines puisque tous nos citoyens, à de rares exceptions, parlent ukrainien.

De sinistres individus ont transformé la question de la langue en outil de polarisation politique. Les politiciens prorusses sous l'emprise du Kremlin n'arrivent toujours pas à accepter que l'Ukraine soit un pays indépendant ayant sa propre langue. Les nationalistes ukrainiens ont, bien sûr, une position diamétralement opposée sur la question et prônent la lutte contre tous ceux qui remettent en question le droit de l'Ukraine à l'autodétermination.

Pendant que nos politiciens se querellaient à propos de la question de la langue, des Ukrainiens russophones d'Odessa ont passé plusieurs années dans les tranchées au Donbass, à se battre contre les Russes et leurs soldats de paille aux côtés d'Ukrainiens russophones de Lviv. Au cœur de cette guerre, les gesticulations politiques du débat de la langue étaient plus évidentes que jamais.

Et pourtant, nous pouvions tous voir que les Ukrainiens étaient parfaitement capables de faire front ensemble, quelle que soit la langue qu'ils ont choisi de parler.

Nous n'avions pas besoin de défendre les russophones ou les ukrainophones. Nous devions juste nous défendre de ceux qui propagent la haine et la discorde. Si les Ukrainiens avaient du mal à s'entendre, ce n'était pas à cause de la langue mais à cause d'ambitions politiques. La question de la langue parlée était exploitée pour alimenter le chauvinisme politique.

Les nombreux expats qui s'installèrent à Kyiv après la révolution de la Dignité avaient une philosophie plutôt progressive au sujet de la langue russe au sein de la société ukrainienne : nous ne devions pas laisser le monopole de la langue russe à la Russie et l'utiliser nous-mêmes. Après tout, le russe n'est pas exactement le même entre et au sein des différents pays, d'un lieu à un autre, tout comme l'anglais. Quelqu'un qui ne connaît pas l'anglais peut faire la différence entre l'anglais américain et l'anglais britannique grâce à l'accent et à l'utilisation de certains mots bien précis, et même si les anglais australien et indien ont des formes phonétiques similaires, leurs intonations sont très différentes. Microsoft propose plusieurs versions russes dans ses programmes et plusieurs claviers numériques : il y a le « russe (Ukraine) », le « russe (Moldavie) » et même le « russe (azerbaïdjanais cyrillique) », en plus du

« russe ». Le monde avait tout simplement divisé la langue russe pendant que certains Ukrainiens construisaient une nouvelle identité en rejetant tout ce qui est écrit ou prononcé en russe.

Il serait absurde pour les Ukrainiens, par exemple, de renier Mykola Hohol, le célèbre auteur de nouvelles, de romans courts et de pièces parce qu'il se sentait obligé de rédiger ses chefs-d'œuvre en russe. Hohol est né en Ukraine, a écrit sur l'Ukraine et, pendant ses voyages à l'étranger, il se présentait comme Ukrainien. C'était un intellectuel ukrainien mais parce qu'il écrivait en russe et à cause de son importance littéraire, la Russie s'est approprié cet auteur sous le nom de Nikolai Gogol. De la même manière, il serait difficile d'ignorer le fait que Taras Chevtchenko, considéré par les Ukrainiens comme le « père de la nation » et vénéré pour ses poèmes en ukrainien, a également rédigé de la prose en russe. Au moins Chevtchenko n'est pas considéré comme un auteur russe. Il a lutté toute sa vie contre l'empire russe et a célébré la culture ukrainienne dans des gravures à l'eau lourde et des peintures à l'huile ainsi que dans ses poèmes. Chevtchenko a été arrêté au motif de soutenir l'indépendance de l'Ukraine et condamné à l'exil en 1847. En 1857, après des années d'emprisonnement dans des conditions extrêmement sévères, il fut gracié par le tsar mais mourut quatre ans plus tard.

En travaillant avec Zelensky, j'ai constaté qu'il était le premier Président qui ne cacha pas le fait que le russe était sa langue maternelle. Cela ne l'empêchait d'avoir un immense respect pour l'ukrainien qu'il parlait couramment. En tant que Président de l'Ukraine, il utilisait l'ukrainien dans la plupart des négociations et des appels téléphoniques, dans les interviews et dans les discours. Mais son objectif était beaucoup plus ambitieux que de soutenir l'une ou l'autre de ces langues. Il voulait transformer notre maîtrise des deux langues en un avantage, et comme ces expats, il voulait empêcher la Russie de s'approprier la langue russe. Il voulait également que le fait de parler russe en Ukraine perde toute connotation politique.

Zelensky a prononcé un très important discours en russe avant l'invasion de 2022. Le 5 février 2021, il s'exprima en russe pour expliquer la fermeture de trois chaînes de télévision appartenant à Viktor Medvedtchouk, un politicien ukrainien proche de Poutine. Zelensky a délibérément choisi de prononcer ce discours en russe, pour expliquer le plus précisément et le plus clairement sa décision à ceux qui prêtaient l'oreille à la propagande russe. « Un flot incessant de mensonges en langue russe a été déversé, récemment surtout, dans les oreilles de nos concitoyens. Et je vais réfuter ces mensonges énoncés en russe avec des vérités énoncées en russe », commença Zelensky dans un discours prononcé depuis son bureau. « Une langue que, selon un parti et un pays, a été terriblement opprimée dans ce pays. La langue parlée par beaucoup de nos soldats sur la ligne de front, défenseurs de l'Ukraine, qui nous défendent contre les "défenseurs" de cette même langue russe qui a été si méchamment "opprimée". Si méchamment opprimée qu'ils ont besoin de venir chez nous au volant de chars d'assaut. »

Zelensky faisait référence à une histoire qui revenait souvent dans la propagande russe et qui affirmait que les Ukrainiens opprimaient les russophones. Les Russes ont utilisé cette fiction pour justifier l'occupation de la Crimée, l'invasion du Donbass en 2014 et leur offensive de grande envergure en Ukraine en 2022. Leurs présentateurs télé, leurs experts et leurs blogueurs répétaient inlassablement que ces actions étaient une « défense » de la population russophone contre les « nazis » ukrainophones. Et donc ces soi-disant « défenseurs » russes violaient, torturaient et tuaient des civils innocents et pillaient leurs maisons en s'abritant derrière cette propagande.

Ce discours de Zelensky au début de 2021 était très sévère et courageux. Il était dramatiquement différent de tous les autres discours officiels. Il aurait pu tomber à plat. Mais Zelensky a reçu un immense soutien après avoir fermé ces trois chaînes. Beaucoup savaient qu'il ne s'agissait pas de médias indépendants mais d'instruments qui propageaient la propagande russe. Les mensonges étaient tellement nombreux, les discours russes tellement présents que malgré la controverse entourant la décision de fermer les chaînes, l'Union européenne et les États-Unis la soutinrent. Et en s'exprimant en russe, Zelensky montrait qu'il ne laisserait pas les Russes s'approprier cette autre langue de l'Ukraine : une langue qui était également sa langue maternelle et celle de ses parents et de ses enfants.

Ma mère et mon père sont eux aussi russophones, comme la majorité des habitants du sud de Kherson, qui se trouve beaucoup plus près de la frontière avec la Russie que beaucoup d'autres régions de l'Ukraine. Mais ils parlent un russe qui n'a pas la même consonance que le russe de Moscou ou de Saint-Pétersbourg : mes parents parlent russe avec un accent distinctif et des éléments phonétiques qui permettent de reconnaître facilement les Khersoniens lorsqu'ils parlent russe.

Je suis la seule de ma famille dont l'ukrainien est la langue maternelle. C'est un pur hasard, un concours de circonstances. Ce n'était pas une décision consciente de mes parents mais c'est ce qui s'est passé. Ils étaient encore étudiants lorsque je suis née. Comme ils devaient vivre dans une résidence universitaire à Zaporijjia jusqu'à ce qu'ils obtiennent leur diplôme, j'ai vécu mes premières années à Oleksandrivka, un village dans la province de Kherson, où j'ai vécu avec mes grands-parents maternels.

Dans les villages ukrainiens, la langue était tellement riche. Il y avait un incroyable mélange, plein d'énergie, de liberté et de sagesse, de sens pratique et d'esprit. Des phonèmes ukrainiens entrecoupés de mots russes, des expressions ukrainiennes, des proverbes et des néologismes naturels. Était-ce de l'ukrainien ? Du russe ? Ce n'était ni l'un ni l'autre – ou peut-être quelque chose entre les deux.

Lorsque mes parents ont fini leurs études, nous nous sommes installées dans la ville de Kherson. Dans mon école primaire, tous les autres enfants étaient russophones. Je ne comprenais littéralement pas ce qu'ils disaient. Mes parents voulaient que je maîtrise les deux langues. Ma mère, surtout, insistait pour que je sois élevée comme une enfant bilingue. Par la suite, j'ai appris à comprendre le russe parce que tout le monde autour de moi le parlait mais j'étais toujours incapable de le parler.

Je m'exprimais dans le dialecte local et j'ai fait tache pendant toutes mes années à la maternelle. Cela m'a pris des années pour maîtriser le russe mais aujourd'hui je le parle si bien que personne ne sait que ce n'est pas ma langue maternelle.

Les choses allèrent un petit peu mieux après mon entrée en primaire, en 1991, l'année de l'implosion de l'URSS et de la naissance d'une nouvelle Ukraine indépendante. À l'époque, je ne comprenais pas la complexité de tout ce qui se passait mais je me souviens très bien, qu'à la maison, il y a eu beaucoup de discussions au sein desquelles la question de la langue revenait souvent au moment de choisir dans quelle école m'inscrire : la première école ukrainophone de Kherson ? Était-ce une bonne idée d'envoyer une enfant dans une école où on parlerait ukrainien ? Est-ce que cela me faciliterait les choses plus tard ? L'Ukraine serait-elle un pays ukrainophone ? À l'époque, les choses étaient en perpétuel mouvement. Le russe avait été la langue officielle de l'Ukraine sous l'ère soviétique mais beaucoup de personnes dans la partie occidentale du pays avaient continué de parler ukrainien chez eux et entre eux. Mais une fois l'indépendance de l'Ukraine proclamée, l'article 10 de sa nouvelle Constitution stipula que l'ukrainien était la langue du pays. Le russe et les autres langues étaient également protégés par la loi, mais l'ukrainien serait la langue prédominante.

Les adultes en discutaient tout le temps. Ils ne savaient pas quoi faire. Ils étaient déjà assez confus et ne savaient même pas comment gérer leurs vies. Cela faisait des décennies qu'ils n'avaient pas discuté de ces questions. Ils étaient habitués à vivre selon les lois strictes de l'URSS où le choix de quelle langue parler et où n'était pas une question à laquelle c'était aux citoyens de répondre. Il était imposé depuis le sommet, par le gouvernement et respecté. Au final, le choix se porta en faveur de l'école de langue ukrainienne.

En première année[21], nous portions le costume traditionnel national et des couronnes de fleurs dans les cheveux. Ma tante qui enseignait la langue, la littérature et la civilisation ukrainiennes dans un des villages dans la région de Kherson, m'a appris les poèmes de Taras Chevtchenko, le poète national ukrainien. Chevtchenko était né serf avant de devenir un artiste renommé et une figure publique, un symbole impérissable de la riche et dynamique culture ukrainienne. J'ai appris par cœur un de ses plus beaux poèmes pour le réciter pour l'anniversaire de mon institutrice de CP. Debout au milieu de la classe, j'ai récité par cœur un passage de « Songe » qui était beaucoup trop profond pour une enfant de mon âge :

Nous volons… Je regarde – l'aube est venue,
Le bord du ciel s'embrase ;
Dans les clairières ombragées les rossignols
Chantent les louanges du nouveau soleil.
Les brises réveillent doucement, légèrement
Les steppes de leurs rêves ;
Autour des coulées, au bord des lacs
Les saules scintillent de vert.

Mon enseignante a applaudi à la fin de ma prestation. Elle a dit, par la suite, à ma mère que je l'avais

21. Équivalent du CP en France (NDT).

magnifiquement récité. Elle nous a ensuite posé une question à laquelle j'ai été incapable de répondre pendant de nombreuses années : pourquoi les habitants de la France parlent-ils français, les habitants de l'Angleterre parlent-ils anglais et les habitants de l'Ukraine russe ? Un jour, au milieu de l'année, j'ai entendu mes parents dire à ma tante et à ma grand-mère dans notre magnifique dialecte, que Dieu nous a donné, que j'étais la seule à l'école à parler ukrainien en dehors de l'école. J'ai ressenti de la fierté, pas parce je me considérais comme une grande patriote ou parce que je comprenais que c'était important pour le pays. C'était plutôt une sorte de consolation pour moi pendant mon enfance parce que j'avais peu d'amis et que beaucoup de mes camarades de classe m'ignoraient.

Lorsque je suis passée en 5e année, cette même enseignante hésitait au moment de me donner ma note en ukrainien. Elle hésitait entre 5 et 4[22]. À cause de mes capacités évidentes, j'étais certaine que ma note serait « excellent ». Mais au dernier moment, mon enseignante hésita et après s'être convaincue qu'un 4 m'inciterait à étudier plus dur, elle m'a donné cette note. Dans mon esprit d'écolière, c'était le comble de l'injustice.

Je me suis promis de faire mieux. À partir de la neuvième année, dans un autre établissement, j'ai participé

22. Dans le système scolaire ukrainien, la notation va de 1 à 5, 5 étant la meilleure note (NDT).

à toutes les olympiades en ukrainien. Je n'ai jamais manqué une dictée et j'ai rédigé des centaines de compositions pour lesquelles j'ai reçu des médailles – jamais la médaille d'or, mais toujours sur le podium.

Dans mon nouvel établissement, je n'ai pas été immédiatement admise dans la classe en ukrainien dans laquelle je voulais m'inscrire. J'ai dû me battre pour avoir une place dans cette classe. Bien que j'aie obtenu mon diplôme de fin de huitième année dans un établissement ukrainophone, je n'avais pas assez de crédits pour être admise en études ukrainiennes. J'ai été inscrite dans une autre majeure dans laquelle il y avait moins d'exigences. Mes camarades de classe voulaient devenir chorégraphes, musiciens, artistes ou journalistes. Tous les créatifs réunis dans une classe.

À la fin de la 9e année, je n'avais absolument pas envie de changer de classe mais j'ai dû m'y résoudre sous l'insistance de l'enseignant et de mes parents. J'avais obtenu une médaille académique pour mon travail, une première pour une élève de la classe des « créatifs ». Je me suis soudain retrouvée avec les meilleurs élèves de langue ukrainienne, dans une classe avec un niveau beaucoup plus élevé et un programme plus lourd et plus exigeant. Pour bien y figurer, j'ai dû étudier tout le temps. Le programme était de niveau universitaire avec des cours universitaires dispensés en anglais et des olympiades en ukrainien de difficulté croissante : j'ai d'abord représenté ma classe au sein de notre établissement, j'ai ensuite représenté mon établissement face aux élèves des autres établissements de la ville. Après avoir remporté ce niveau, j'ai représenté ma ville au niveau régional et enfin ma région au niveau national où j'ai affronté les meilleurs élèves de toute l'Ukraine. Je planchais sur les travaux à effectuer pour chaque olympiade jusque tard chaque soir. Les jours où je n'avais pas cours, je finissais mes devoirs et j'établissais le planning la semaine suivante. J'ai compris que pour réussir il faut beaucoup travailler et je pensais constamment à mes cours.

Ces années d'études intenses m'aidèrent à avoir d'excellents résultats scolaires. J'ai obtenu mon diplôme du secondaire avec mention, j'avais déjà remporté de nombreuses médailles aux olympiades et le comité d'admission en a tenu compte pour faciliter mon entrée à l'université. Au lieu de passer trois ou quatre examens d'entrée, je n'ai eu à passer qu'un seul entretien oral, comme les autres meilleurs diplômés des autres lycées d'Ukraine. Je fus la seule sur les vingt diplômés du secondaire qui passèrent un entretien au lieu des examens à être admise. Je me souviens encore de la nervosité de ma mère la veille au soir. J'étais tellement stressée qu'elle m'a demandé à de multiples reprises si je voulais changer d'avis. Je pense qu'elle avait également peur que je quitte la maison si j'étais admise. Mais il était trop tard pour faire machine arrière. Je me suis rendue à l'entretien et je suis entrée dans la pièce dans laquelle se trouvaient tous les examinateurs. Je postulais pour une place dans la meilleure université du pays, l'université Taras Shevchenko National de Kyiv, dans la capitale de l'Ukraine.

Beaucoup nous ont dit qu'il serait stupide de croire que je serais admise grâce à la qualité de mon dossier. Selon eux, je n'avais aucune chance à moins que nous versions un pot-de-vin aux personnes en charge des admissions. Nous n'avons même pas un instant envisagé de verser un pot-de-vin s'élevant à peut-être 3 000 hryvnias, un peu plus de 1 000 euros, voire plus. Mes parents gagnaient à peine l'équivalent de plusieurs centaines d'euros par mois. Mais je ne savais même pas s'ils auraient voulu payer un pot-de-vin qui m'aurait offert une chance pour une nouvelle vie s'ils avaient eu l'argent pour le faire. Mais ils m'ont dit qu'ils savaient que j'étais suffisamment intelligente pour être admise sans avoir besoin de verser un pot-de-vin. Et je me suis toujours souvenu de ce qu'une de mes enseignantes nous avait dit un jour : « Ils ne peuvent pas accepter que ceux qui ont de l'argent. Ils ont aussi besoin d'étudiants intelligents pour représenter leur université. » J'étais décidée à le croire : je serais admise parce que j'étais suffisamment intelligente et suffisamment préparée pour être acceptée grâce à mon mérite.

En sortant de mon entretien, j'ai été entourée par les autres postulants, la seule admise. Quelqu'un m'a demandé ce que j'avais dit pour être acceptée ; un autre m'a demandé combien j'avais payé. Un garçon ukrainophone de Lviv, à l'ouest de l'Ukraine, s'est montré particulièrement désagréable ; il refusait de croire qu'une fille de Kherson puisse être admise pour étudier l'ukrainien, alors que quelqu'un comme lui, originaire d'une région dans laquelle on parlait ukrainien, ne l'était pas.

Mes parents et moi avons survécu à l'expérience. Et alors qu'à Kherson, en 1991, il était difficile d'entrer dans des classes d'ukrainien, lorsque je suis entrée à l'université, l'ukrainien était considéré la majeure la plus facile. Je ne compte plus le nombre de personnes, qui depuis 2003, m'ont ri au nez : « Étudier l'ukrainien en Ukraine ? Ce ne sont pas vraiment des études ! » Mais j'ai pourtant étudié et j'ai été reçue avec mention après avoir rédigé une thèse de doctorat sur la littérature contemporaine ukrainienne.

Dès l'enfance, la question de la langue a été un sujet douloureux pour moi. J'ai eu la chance d'obtenir un diplôme de troisième cycle universitaire dans la meilleure université du pays mais mon expérience est plutôt unique. À la différence de la plupart de mes camarades d'études, j'avais grandi dans une famille pauvre, dans une région russophone de l'Ukraine et j'avais choisi d'étudier l'ukrainien. J'ai réussi à avoir une merveilleuse éducation gratuite et obtenir des diplômes grâce à mon travail et au soutien de mes parents. Mais cela n'a jamais été facile.

Je n'ai jamais pu vraiment comprendre pourquoi avant de pouvoir surmonter certains traumatismes psychologiques. Je n'ai vraiment compris mon expérience, l'Ukraine ou notre relation à la langue russe qu'en 2014, après une visite en Transnistrie, un territoire de la Moldavie occupé par les Russes.

Au cours de ce voyage, j'ai compris que le débat autour de la langue russe n'était plus une question abstraite. La Moldavie avait connu son propre « Donbass » au début des années 1990 et ne s'en était pas encore remise. À l'époque, la Russie avait utilisé les mêmes coups fourrés en Moldavie que ceux auxquels elle a eu recours par la suite en Géorgie puis dans des zones russophones d'Ukraine. La Russie a attisé les dissensions autour des différences de langue pour arracher des territoires russophones de pays nouvellement indépendants, les transformer en territoires occupés et créer des trous noirs à l'intérieur d'anciennes républiques soviétiques.

Voilà leur *modus operandi* : à Moscou, le gouvernement propage le mythe que les ex-républiques soviétiques oppriment la langue russe et ses locuteurs. Ensuite, des milices prorusses, soutenues par l'armée russe et abreuvées par une quantité inépuisable de désinformation, déclarent être contraintes de « défendre » les populations russophones en prenant le contrôle de ces territoires bien qu'ils appartiennent à un autre État souverain. Le conflit en Moldavie a duré deux ans. Il ne fut pas aussi sanglant que la guerre en Ukraine en 2022 et il se termina par la création de la quasi-république de Transnistrie soutenue par Moscou après un référendum bidon organisé par les Russes dans lequel, comme on pouvait le prévoir, 97,7 % de la population « votèrent » pour sa création.

La Fédération de Russie a fabriqué ces conflits autour de la question de la langue et organisé ces référendums dans les ex-républiques soviétiques pour justifier l'invasion de certaines régions en Géorgie, l'annexion de la péninsule ukrainienne de Crimée en 2014 et, par la suite, pour envahir le Donbass en Ukraine. Dans chacun de ces exemples, les Russes affirment « protéger » les populations russophones. Et juste après cela, ces mêmes « défenseurs » font leur entrée dans ces territoires sur des chars d'assaut.

La Transnistrie n'est pas un pays ; elle ne peut pas être reconnue en tant que tel. En fait, elle n'a été « reconnue » comme une république que par les mêmes « républiques » artificiellement créées par la Russie dans les ex-républiques soviétiques. La Transnistrie est une zone grise, artificielle, sans aucune liberté, droits humains, économie ni avenir. Elle est complètement sous le joug de la Russie. En envoyant son armée ou ses hommes de paille dans des régions des anciennes républiques soviétiques, Moscou tente d'y conserver une présence pour des raisons d'influence géopolitique et interférer dans leurs politiques intérieures.

En 2013, une majorité de Moldaves étaient favorables au maintien de relations économiques avec la Russie. Un an plus tard, en 2014, après l'invasion du Donbass en Ukraine, par l'armée russe, la population moldave avait changé d'avis, 55 % étaient, désormais, favorables à des relations avec l'Union européenne, contre 45 % en faveur d'une union douanière avec la Russie. Et c'est précisément ce mythe de la coexistence pacifique avec la Russie que la violente invasion du Donbass par la Russie a fait voler en éclats. Les Moldaves avaient été guéris de l'illusion de stabilité et voyaient désormais que l'Ukraine était un rempart défensif pour ses voisins occidentaux, y compris la Moldavie, contre une Russie qui se montrait de plus en plus agressive.

Ils se sont réveillés, bien que la Russie eût, depuis le début de la révolution de la Dignité, inondé la Moldavie de propagande et de terrifiants récits postsoviétiques à propos des « dangereux » Ukrainiens. La population entendait ces histoires aux infos et les répétait à leurs amis et à leur famille. Voilà une histoire qui m'a été racontée par un chauffeur de taxi moldave : quelque part près de Bila Tserkva, une ville dans l'oblast de Kyiv, un chauffeur routier est assis au volant en train de manger quand il remarque une jeune fille inconnue en train de le regarder fixement. Après avoir terminé son repas et avoir repris la route, il se rend compte que sa dent en or a disparu et que la porte de son véhicule est entrouverte.

Oui, me direz-vous, cette histoire est improbable et même d'une incroyable stupidité. Probablement la plus stupide que vous ayez jamais entendue. Mais la Russie a inventé des milliers d'histoires de ce genre, et chaque fois, un petit nombre de personnes (et parfois un nombre pas si petit que ça) est persuadé qu'il s'agit d'une histoire vraie. C'est comme cela que fonctionnent la propagande russe et les « gros mensonges ».

Un deuxième chauffeur de taxi m'a raconté une autre histoire : pendant l'hiver, un chauffeur routier roulait sur une route dans les environs de Kyiv. La police de la route lui a soi-disant demandé de s'arrêter et lui a demandé de l'argent. Il n'en avait pas. Il n'avait pas de cargaison non plus. Les policiers, après avoir fouillé le véhicule et n'avoir rien trouvé, firent voler son pare-brise en éclats en lui disant que la prochaine fois ils feraient la même chose au chauffeur.

J'ai demandé pourquoi le chauffeur n'avait pas d'argent puisqu'il avait déjà vendu sa cargaison et pourquoi les Ukrainiens auraient brisé son pare-brise. Je pose toujours ces questions chaque fois que j'entends ce genre d'histoires idiotes. Mais le chauffeur m'a répondu : « Je l'ignore. C'est le comptable de l'entreprise pour laquelle travaille le chauffeur routier qui m'a raconté cette histoire. Elle est donc crédible. » J'ai tenté de suggérer qu'il y avait peut-être une meilleure explication : le pare-brise brisé pouvait s'expliquer par des « aventures » que le chauffeur n'avait pas voulu raconter à son patron. Le chauffeur de taxi n'a pas cherché à contredire ma suggestion mais il était évident qu'il ne lui était jamais venu à l'idée que n'importe quelle autre explication avait davantage de chances d'être vraie.

Le chauffeur de taxi était en faveur de l'intégration de la Moldavie dans l'Union européenne. Mais il était encore incapable de surmonter ses peurs des dangereux Ukrainiens. La Russie a toujours été très douée pour instiller la peur, la plus forte des émotions humaines.

Et si quelqu'un a peur à Chişinău, la capitale de la Moldavie, il est plus que probable que quelqu'un ressente la même peur en TMR (République moldave de Transnistrie). Pendant les presque trente ans d'histoire de sa soi-disant indépendance, cet incompréhensible pseudo-pays paradoxal a élevé des générations entières de personnes qui n'ont vu et entendu que la propagande russe.

En 2014, dans toute la TMR, il ne restait que huit écoles dans lesquelles il y a une lutte en cours pour conserver l'alphabet latin dans l'enseignement. Les agresseurs en Transnistrie exigeaient le passage au cyrillique, l'alphabet utilisé pour écrire en russe. Et ils utilisaient des tactiques alarmistes pour faire accepter leurs exigences. Pour des enfants, apprendre le moldave en cyrillique reviendrait à apprendre l'anglais en cyrillique : un alphabet dans lequel rien n'a jamais été écrit dans cette langue. Cette « éducation » crée des enfants presque quasi illettrés.

Ce genre d'« éducation » est un excellent outil de contrôle dans ce territoire : il est incroyablement difficile de s'enfuir de la région sans rien, sauf la connaissance de cette langue à moitié fabriquée. Depuis l'invasion russe au début des années 1990, la population de la TMR a pourtant chuté d'un tiers en passant de 750 000 à un demi-million d'habitants. La majorité de ceux qui sont restés sont des personnes âgées, condamnant la population à diminuer encore plus.

Une écolière de Transnistrie baptisée Liza, que j'ai rencontrée pendant une récréation à côté de son école, m'a dit que lorsqu'elle parle moldave dans des lieux publics, même si les gens la comprennent, il est peu probable qu'ils lui répondent. Le 1er septembre et le 31 mai – le début et la fin de l'année scolaire –, les enfants chantent leur hymne national aux côtés des OMON, les unités spéciales de la Garde nationale russe. Les règles non écrites du KGB étaient florissantes en Transnistrie.

Liza qui, du haut de ses quinze ans, s'exprimait franchement, a expliqué qu'elle ne voulait pas causer de problèmes à ses parents. Elle comprenait que sa famille était une minorité privée de droits. Elle voulait quitter cette zone grise, cette pseudo-république au centre de l'Europe et rêvait de devenir journaliste plus tard.

Sa camarade de classe Kristina, en revanche, n'avait pas l'intention de quitter la Transnistrie. Elle ignorait tout de l'Europe mais elle avait beaucoup de choses à dire sur la Russie. « C'est un pays très développé, sur le plan économique et gastronomique », disait l'élève de 10e année, en décrivant la fable que la Russie a essayé de faire croire à toute le monde en Transnistrie depuis deux douzaines d'années.

Environ la moitié des élèves de la classe était d'accord avec Liza ; l'autre moitié soutenait la position prorusse. Mais ce que j'ai trouvé le plus intéressant, c'était que ces enfants ne ressentaient aucune agression idéologique les uns envers les autres. Ils ne pensaient pas à la guerre ou à défendre leurs intérêts nationaux. J'avais l'impression qu'ils avaient perdu leur capacité de voir à quel point leur situation était devenue inacceptable.

C'est ainsi que j'expliquerai l'attitude de Vadim, vingt-neuf ans, élevé en Transnistrie. C'est lui qui, le premier, m'a dit qu'à Dubăsari, sa ville natale, il n'y avait aucune offre d'emploi ; le seul cinéma, détruit pendant les années 1990, n'avait toujours pas été reconstruit, les enfants n'avaient nulle part où aller ; et la seule attraction touristique était un magasin d'alcool local. Mais Vadim, un chauffeur de taxi qui, tous les jours, effectuait le trajet le séparant de son lieu de travail à Chişinău, ne voyait rien de mal à cela. Il était plus ému par le sort des mamies qui ne pouvaient pas vivre avec leur maigre retraite de 700 lei (environ 49 dollars) dans la rive droite moldave. Là-bas, disait-il, l'hiver, le chauffage coûte 1 200 lei (environ 84 dollars) par mois, une fortune comparée aux 100 lei (environ 7 dollars) son prix en Transnistrie. Pour les Transnistriens, il s'agissait d'une preuve éclatante de l'aide de la Russie. Et peut-être là-bas, dans l'enclave prorusse, c'était la seule preuve d'une attention de la part des Russes.

En entrant dans la ville de Dubăsari qui fut le théâtre de lourds affrontements entre les troupes russes et prorusses et les Moldaves pendant la guerre en Transnistrie de 1990-1992, nous tombons nez à nez avec des « gardiens de la paix » russes armés. Pas moyen de faire trois pas sans croiser leurs véhicules militaires dans des rues désertes aux bâtiments de plusieurs étages vides et aux usines désertées. On pouvait lire sur un panneau : RUSSIE ET GARDIENS DE LA PAIX – NOUS VOULONS LA PAIX ! Nous y avons également trouvé plusieurs bâtiments réhabilités : un centre culturel gardé, une église et une école, construits par des Moldaves, et plusieurs demeures appartenant à des individus aisés et beaucoup d'autres en construction. On nous a dit que leurs propriétaires étaient Russes mais nous n'avons pas pu le vérifier. Dubăsari était encore une plaie béante plusieurs décennies après la guerre. Pourtant, les habitants de cette ville étaient reconnaissants envers la Russie de, ce qu'ils pensaient être, un important rabais sur le gaz.

Il était peu probable qu'ils connaissent la véritable histoire de ce « rabais » sur le gaz russe qui était livré aux consommateurs de Transnistrie par Moldovagaz, la compagnie moldave de distribution du gaz, une filiale de Gazprom, la société d'État par actions gazières russes. Chişinău, la capitale moldave, achète le gaz à Gazprom pour tout son territoire, y compris la rive gauche de Transnistrie occupée par la Russie. Chişinău n'a pas d'autre choix que d'acheter du gaz pour la Transnistrie, d'abord parce que le gouvernement moldave la considère toujours comme un territoire moldave et ensuite parce que le gaz transite par la Transnistrie avant d'atteindre Chişinău. Mais Tiraspol, la capitale de la Transnistrie, n'a jamais payé le gaz livré. Gazprom essaie de collecter l'argent dû par Tiraspol pour la distribution du gaz dans les caisses de Chişinău'. Après trente ans d'existence, les arriérés de paiement de l'enclave prorusse de Transnistrie s'élèvent à environ 8 milliards d'euros. Après l'élection de Maia Sandu, une Présidente pro-européenne, la Moldavie a enfin cherché des solutions pour diversifier ses approvisionnements en gaz mais la Russie a bloqué ces tentatives par tous les moyens. La Russie est très versée dans l'art d'utiliser l'énergie comme une arme qui lui permet de maintenir un pays dans sa zone d'influence géopolitique et sous sa coupe. Les dettes de Chişinău, payées ou pas, restaient une épée de Damoclès russe pour la population moldave.

L'Ukraine et la Moldavie ont beaucoup en commun : la menace russe, une histoire commune et un avenir européen commun. Ce ne fut donc pas une surprise de voir la

Moldavie demander l'adhésion à l'UE en même temps que l'Ukraine, en 2022, juste après l'invasion russe. Le conflit en Transnistrie présentait le même problème pour la Moldavie que le Donbass pour l'Ukraine – ces territoires étaient devenus des passerelles par lesquelles s'engouffrait l'influence russe et, au final, les incursions russes. La Moldavie a parfaitement compris qu'en n'étant pas membre de l'OTAN ou de l'UE, elle avait de grandes chances d'être une cible pour la Russie, juste après l'Ukraine.

Malgré leurs similitudes, les relations entre l'Ukraine et la Moldavie ont été glaciales pendant quatre ans, de 2016 à 2020, à cause de l'alignement prorusse de son Président de l'époque, Igor Dodon. Un des nombreux leaders des ex-républiques soviétiques qui bénéficiaient du soutien de la Russie en échange de leur soutien des positions du Kremlin.

En décembre 2020, la Moldavie a élu une nouvelle Présidente, résolument antirusse et pro-européenne, Maia Sandu. L'année suivante, pour son premier voyage officiel en tant que chef de l'État moldave, elle s'est rendue à Kyiv pour inaugurer une nouvelle ère de relations entre les deux pays. Très élégante, dans un tailleur rose clair, elle paraissait encore plus séduisante que sur ses photographies.

Le Président Zelensky a été briefé pour la rencontre sur les divers sujets considérés comme centraux pour les négociations bilatérales : Transnistrie, sources d'énergie, infrastructures communes et, entre autres, la langue. En Moldavie, la langue traduisait la proximité ou l'éloignement de l'Occident et Sandu voulait demander le soutien de l'Ukraine pour ses projets au sein des communautés moldaves d'Ukraine.

Le Président Zelensky écouta attentivement, posa beaucoup de questions et, au final, fit des propositions qui exigeraient plus de travail pour les spécialistes en relations internationales et en droit international. Il suggéra de promulguer des lois qui garantiraient les relations culturelles, humanitaires et linguistiques qui bénéficieraient de façon égale aux deux pays et qui soutiendraient les deux langues sur une base égale. Zelensky proposa que les deux pays fassent chacun des efforts pour augmenter l'enseignement de l'autre langue dans ses écoles : l'accès à l'enseignement de la langue ukrainienne en Moldavie serait égal à celui qui serait offert pour la langue moldave en Ukraine.

L'accord était bon et témoignait d'un respect mutuel pour les droits des deux partenaires sur la scène internationale. Avec cette seule décision, Zelensky qui a grandi au sein d'une famille russophone, a fait plus pour le développement de la langue et de la culture ukrainienne qu'aucun des coups de pub hypocrites et inutiles des politiciens ukrainiens de la vieille école.

La Première dame d'Ukraine a, elle aussi, joué un rôle dans les efforts pour augmenter la diffusion de l'ukrainien à l'étranger. Olena Zelenska a convaincu plusieurs des principaux musées de la planète d'ajouter l'ukrainien dans leurs guides audio. Grâce à elle, l'ukrainien est désormais disponible sur les guides du palais de Versailles, de la tour de Londres et du Colisée et dans des sites culturels en Autriche, en Azerbaïdjan, en Allemagne, en Espagne, en Pologne, en Turquie, au Monténégro, au Proche-Orient et en Asie. Aux États-Unis, l'ukrainien est désormais disponible à Mount Vernon, la résidence de George Washington et son équipe travaille d'arrache-pied pour que l'ukrainien soit disponible dans d'autres grands musées américains.

L'ukrainien est une langue qui est très différente du russe. Selon les linguistes, l'ukrainien descend du vieux slave oriental dont il s'est séparé il y a plus d'un millier d'années. Le russe est une autre branche distincte du vieux slave oriental. Aujourd'hui, selon plusieurs experts en linguistique, le lexique ukrainien est distinct à 38 % de celui du russe, une différence plus importante qu'entre l'espagnol et l'italien pour qui elle n'est que de 33 %. L'ukrainien incarne notre riche histoire intellectuelle et culturelle dans toute sa diversité. En réaffirmant l'ukrainien comme notre langue officielle nationale, nous avons également cherché à nous réapproprier cette histoire. Mais l'Ukraine reconnaît également, en plus de celle du russe, l'existence de plusieurs autres langues régionales qui sont parlées dans notre pays, l'héritage de siècles de migrations, d'échanges commerciaux, de guerres, d'alliances et de changements de frontières. La population ukrainienne compte des Roumains, des Biélorusses, des Tatars de Crimée, des Bulgares, des Hongrois, des Polonais, des Juifs, des Arméniens et des Russes. Nous sommes, depuis longtemps, une nation cosmopolite qui parle avec de nombreuses voix.

Avant la guerre en 2022, certains politiciens continuèrent d'attiser les divisions autour de la question de la langue. Pour séduire des électeurs, des nationalistes extrémistes tentèrent de réduire notre identité à la seule langue ukrainienne et diviser la société en patriotes de première et de seconde classe en fonction de la langue qu'ils parlaient. Ils ne parvinrent pas à convaincre beaucoup de partisans parce que c'était un débat artificiel qui n'a aucun sens dans l'Ukraine d'aujourd'hui. Ce groupe politique proposait une vision de la société ukrainienne qui ressemblait comme une sœur jumelle à celle du début du vingtième siècle – en d'autres termes, savoir avant la création de l'URSS qui avait tenté de transformer la culture ukrainienne en quelque chose de rural et de seconde classe. Mais on ne peut pas effacer plus de soixante-dix ans de l'URSS parce que nos grands-parents et nos parents ont grandi en Union soviétique. Ces années font également partie de notre histoire – parfois heureuse, plus souvent douloureuse –, même si nous leur avons tourné le dos pour construire lentement une Ukraine indépendante.

Depuis l'invasion en 2022, l'ukrainien bénéficie d'un regain d'intérêt dans le monde entier. Sur Internet, plusieurs lectures de poèmes ont été organisées. Un groupe s'est constitué pour traduire des livres écrits en ukrainien dans d'autres langues. Le russe, en revanche, en a pâti. Il est désormais associé avec inhumanité et agression cruelle. La Russie a été accusée de génocide et d'être un « État qui soutient le terrorisme ». Dans le cyberespace ukrainien, de nombreux influenceurs russophones ont choisi de passer à l'ukrainien parce qu'ils associent désormais le russe à la langue du terrorisme et l'ukrainien à la langue de la liberté et de la démocratie. La langue que chacun choisit de parler est désormais une question de principe. Il est impossible d'aimer une langue si elle est parlée par des gens qui mutilent, violent et assassinent des innocents et détruisent leurs demeures. Cette invasion a tout changé. En un instant, elle a effacé toutes les divisions que la Russie et certains politiciens ukrainiens de l'ère postsoviétique ont exploitées et amplifiées. Cela a permis aux Ukrainiens de se livrer à une introspection courageuse et honnête et de reconnaître qui nous étions avant et qui nous aspirons à être aujourd'hui, libérés des opinions du reste du monde.

De nombreux intellectuels, auteurs et blogueurs influents qui avaient, toute leur vie, rédigé leurs écrits en russe décidèrent de passer à l'ukrainien pendant les préparatifs pour la guerre avec la Russie, parfois avant l'invasion.

« Bonjour, je m'appelle Slava et je passe à l'ukrainien. Sachant qu'au cours des 38 dernières années, je n'ai parlé que le russe... » a écrit sur Instagram Slava Balbek, un architecte ukrainien et le directeur du prestigieux cabinet d'architecture Balbek Bureau, à ses quelque 60 000 followers, deux jours avant l'invasion. « Aujourd'hui, je passe uniquement à l'ukrainien. Je l'utilise depuis longtemps dans la sphère publique ; à partir d'aujourd'hui, il va devenir ma langue de tous les jours. » « Je ne veux rien avoir en commun avec le pays agresseur », a écrit Phill Pukharev, le critique musical sur sa page Facebook.

« Hier soir, après le discours de Poutine, pour la première fois de ma vie, j'ai eu honte de parler russe. Je vais donc désormais m'exprimer en ukrainien sur les réseaux sociaux », a écrit Andriy Tytarenko, le directeur marketing de JAXET, après le discours de Poutine dans lequel il reconnaissait les républiques fantoches de Louhansk et de Donetsk et affirmait que la Russie allait « protéger » les russophones. Après le début de l'invasion russe, le passage à l'ukrainien s'accéléra et la transition était naturelle.

L'attaque sans aucune provocation de la Russie contre l'Ukraine a détruit toute possibilité d'une nostalgie envers l'URSS. La promotion par Poutine du concept d'un plus grand monde russophone n'était rien qu'une abominable justification d'une tuerie de masse et l'annihilation du peuple ukrainien et de la société que nous étions en train de construire en tant qu'État souverain indépendant. Nous voulons reprendre le contrôle de notre pays. Et notre langue nationale est et sera toujours l'ukrainien.

CHAPITRE 9

Oligarques et *fake news*

L'esclavage a été aboli sur la planète mais il reste l'esclavage financier.

–VOLODYMYR ZELENSKY
(INTERVIEW À *AXIOS* DIFFUSÉE SUR HBO,
23 JANVIER 2021)

En septembre 2019, la question des oligarques ukrainiens préoccupait suffisamment Angela Merkel pour solliciter un entretien spécial auprès de Zelensky pendant la semaine de réunion annuelle de l'Assemblée générale de l'ONU en 2019. Cet entretien s'est déroulé au début du mandat de Zelensky et il a eu des effets pérennes sur leur relation.

Merkel parle très bien russe mais sa modestie l'oblige à minimiser ce fait. Première femme à occuper le poste de chancelière fédérale d'Allemagne – qui faisait d'elle la femme la plus puissante du monde –, Merkel était connue pour son extraordinaire simplicité et son tact. Les gens insistent toujours sur son calme quand elle prononce des discours en public dans lesquels elle parle toujours distinctement, ce qui est indéniable, mais je pense que la plus importante de toutes ses qualités est de ne pas s'être laissé griser par le pouvoir. C'est un exploit considérable pour quelqu'un qui a dirigé pendant aussi longtemps un pays influent et puissant. Alors que certains dirigeants en poste depuis longtemps se transforment en dictateurs pour accroître leur pouvoir, Merkel a décidé de remplir sa fonction pendant les seize ans qui lui ont été alloués par la constitution, tout en transformant le pouvoir en sagesse et l'expérience en compréhension. Et à la fin de ce bail, elle a pris sa retraite.

Merkel n'a jamais perdu sa capacité à surprendre les gens. Elle prenait le contrôle de la pièce ; elle établissait un contact visuel avec tous ceux ou celles qu'elle croisait, serrait la main de tous les membres des délégations pendant les réunions au sommet et elle offrait le respect par son regard. En me saluant au milieu d'une délégation exclusivement masculine lors de notre première rencontre, elle a dit en souriant, en russe, « … et une femme ». Cela m'avait agréablement surprise et j'avais répondu, en anglais, qu'il s'agissait d'une situation à laquelle nous allions remédier. Merkel ne s'attendait pas à cette entorse au protocole mais cela l'a fait rire. Zelensky aussi.

J'ai beaucoup appris en observant Merkel à la table des négociations. Les détails de sa position sur le conflit au Donbass sont top secret, mais je peux, au moins, vous révéler que l'assurance avec laquelle elle arriva à ces négociations n'était pas feinte. Elle avait appris à assimiler rapidement les informations et arrivait toujours bien préparée aux réunions. Il était évident pour moi qu'elle était dans son élément. Merkel était beaucoup plus à l'aise pendant les négociations que pendant ses allocutions en public. Elle montrait un vif intérêt pour tous les détails et maîtrisait ses dossiers. Elle ne dissimulait pas sa surprise chaque fois qu'un élément dont elle n'avait pas connaissance était évoqué et, sans se départir du maintien qu'on attend d'un politicien, elle témoignait une certaine gentillesse à ceux et celles qu'elle appréciait.

Je n'oublierai jamais cet entretien ô combien important avec Merkel, ajouté dans des emplois du temps surchargés pendant la réunion annuelle de l'Assemblée générale de l'ONU en 2019. À l'initiative de la chancelière en personne. Les deux délégations s'étaient retrouvées dans le Salon indonésien, une pièce très grande aménagée pour accueillir les négociations exploratoires qui se déroulent à l'ONU. Elle est divisée en plusieurs zones distinctes ; les tables pour les différentes délégations étaient tellement espacées que nous ne pouvions pas voir s'il y avait d'autres délégations dans la pièce.

Merkel est littéralement entrée en trombe dans la pièce, sérieuse et très calme, dans une veste rouge clair. Elle a rapidement fait le tour de la pièce et a serré la main de tous les présents en regardant tout le monde dans les yeux, comme elle en a l'habitude. J'étais debout, derrière deux tables rondes en verre transparent installées l'une contre l'autre et je ne m'attendais certainement pas à ce que Merkel s'incline au-dessus des tables pour me saluer. C'est pourtant ce qu'elle a fait. Je me suis immédiatement inclinée pour faire la moitié du chemin et nous avons échangé une poignée de main brève mais chaleureuse. Je n'oublierai jamais ce bref instant sans conséquence parce qu'il m'a appris une grande leçon : aucun honneur, aucune position, aucune quantité d'argent, aucun niveau de réussite ne doit faire oublier à un véritable leader comment traiter les autres individus avec respect. Je ne sais pas si c'était le secret du pouvoir de Merkel et ce qui inspirait au peuple allemand la confiance qu'il lui portait, mais je soupçonne que cet aspect de son caractère faisait également partie de son attrait.

La rencontre avait lieu à son initiative. Elle avait une question pour le Président Zelensky. À l'époque, en septembre 2019, le très célèbre oligarque ukrainien, Ihor Kolomoïsky, faisait grand cas de l'influence qu'il exerçait sur Zelensky. Comme on pouvait s'y attendre, Porochenko, le leader de l'opposition, y avait vu une chance de fragiliser le nouveau Président. Merkel était plutôt contrariée par certaines histoires dont elle avait eu vent et elle voulait poser quelques questions à Zelensky à leur propos.

Il faut dire qu'à l'époque Kolomoïsky était, chose plutôt inhabituelle, extrêmement présent dans les médias. Aucun d'entre nous n'avait anticipé la question de Merkel mais Zelensky s'est très vite remis de sa surprise et a répondu à Merkel en toute sincérité. Il lui a dit que Kolomoïsky n'avait aucun rôle au sein du gouvernement, qu'aucun représentant de l'État n'entretenait de relations avec Kolomoïsky sur quoi que ce soit et que personne n'avait jamais négocié avec lui au nom du gouvernement ukrainien. En entendant cela, le visage de Merkel s'est visiblement détendu. L'enjeu de ce bref entretien à New York pour notre gouvernement était beaucoup plus important que de convaincre Merkel que Zelensky n'était en rien redevable aux oligarques. C'était la confiance de la femme la plus influente sur la scène politique internationale et un acteur clef dans les négociations concernant le Donbass qui était en jeu. En observant notre équipe avec son œil aguerri, elle a vu que Zelensky disait la vérité et décida de lui faire confiance. Cela lui a permis de bénéficier du soutien de Merkel sur de nombreuses questions à partir de ce jour et d'un allié de poids dans ses négociations avec la Russie.

Merkel avait raison de penser que les oligarques étaient une espèce envahissante qui tissaient leur toile dans tous les secteurs de la société et phagocytaient l'économie.

Les oligarques ne bénéficiaient pas du statut de représentants officiels du gouvernement, mais ils avaient néanmoins acquis beaucoup de pouvoir en s'appropriant les ressources et les entreprises de l'Ukraine mais aussi par l'influence qu'ils exerçaient sur la classe politique et le système financier. Merkel comprenait cela et n'avait que mépris pour tous ceux qui avaient accumulé richesse et pouvoir par des procédés déloyaux en tirant profit de l'absence de règles pour satisfaire leur cupidité. Bien que disposant d'un pouvoir dont aucun oligarque ukrainien n'aurait pu rêver, elle le consacrait à renforcer le pouvoir d'un des États les plus puissants du monde. Pendant ce temps-là, les oligarques continuaient de fragiliser l'État ukrainien. Et c'était justement ce que Kolomoïsky faisait à l'époque.

Après cet entretien, en comprenant le danger de ne pas démentir les rumeurs qui circulaient à propos des relations du Président avec les oligarques ukrainiens en général et Kolomoïsky en particulier, j'ai proposé de rédiger un édito au nom de Zelensky dans un journal américain pour rétablir la vérité. Mais Zelensky mit son veto, suivant là les conseils d'Andriy Bohdan, le premier chef de cabinet du Président, qui était résolument opposé à cette idée. À mon grand désarroi, un mois et demi plus tard, Kolomoïsky donna une interview au *New York Times*, au cours de laquelle il prôna un rapprochement avec la Russie. J'ai été peinée de lire ses déclarations dans le *Times*, un journal dont j'admire généralement les standards. Mais dans ce cas précis, il était complètement inapproprié et trompeur de laisser Kolomoïsky émettre un commentaire sur la politique officielle de l'Ukraine. J'espère que le journaliste du *Times* qui a interviewé Kolomoïsky a eu honte ensuite de croire qu'un oligarque comme lui pouvait influencer le Président de l'Ukraine. J'ai été encore plus peinée d'apprendre que le *Washington Post* et le *New Yorker* avaient aussi prévu d'interviewer Kolomoïsky. J'ai écrit au Président, pour l'enjoindre de publier un bref communiqué : « Ihor Kolomoïsky n'est pas un représentant du gouvernement ni du cabinet du Président Zelensky. Il n'a aucune autorité pour dire quoi que ce soit au nom de l'Ukraine ou du cabinet du Président. Aucune question relevant des affaires de l'État n'est discutée avec lui. » Le communiqué a été publié et apparemment, tout le monde a parfaitement compris le message. Après cela, les médias internationaux ont arrêté de présenter les oligarques ukrainiens comme des représentants crédibles de la population ukrainienne ou des politiques du pays.

Historiquement, on a laissé les grands oligarques façonner l'image de l'Ukraine à l'étranger. Cela débuta dans les années 1990, après l'effondrement de l'Union soviétique, lorsqu'une poignée de ces entrepreneurs se partagèrent les plus importantes sources de richesse de l'Ukraine, en transformant en monopoles les anciennes entreprises publiques, notamment dans les secteurs du pétrole, du gaz, des terres cultivables, de l'extraction minière et des télécommunications. Ils entrent périodiquement en conflit pour le contrôle de tel ou tel secteur – des conflits au terme desquels certains d'entre eux changent de place sur la liste des individus les plus riches d'Ukraine.

Les fréquents et brusques changements de gouvernement à Kyiv ont donné à la communauté internationale l'impression que l'Ukraine était trop instable et trop faible pour lutter contre les oligarques, ce qui a été en grande partie vrai pendant longtemps. N'oubliez pas qu'en 2020, en presque trente ans d'indépendance, l'Ukraine avait vu se succéder à sa tête vingt Premiers ministres et leurs gouvernements. Mykola Azarov, Premier ministre de 2010 à 2014 de Viktor Ianoukovytch, le Président corrompu, est celui qui est resté le plus longtemps en poste avec un mandat d'environ quatre ans ; plusieurs n'ont occupé leur fauteuil que pendant six mois. Il n'est pas chose aisée de tenir le décompte précis du nombre de ministres qui se sont succédé. Cette instabilité est responsable de la faiblesse institutionnelle du cabinet ; cela réduit la responsabilité des individus au niveau des résultats et favorise les projets à court terme.

L'influence des oligarques ne se limite pas au contrôle qu'ils exerçaient sur les ondes, les entreprises, la terre ou les minerais recherchés. Leurs décisions ont des conséquences directes sur les moyens d'existence de la population. Parce qu'ils disposent d'un monopole dans presque tous les secteurs de l'économie, les oligarques sont à l'origine de la création de la majorité des emplois en Ukraine et ils emploient et entretiennent des relations avec les élites professionnelles du pays.

Comment cela complique-t-il les choses en Ukraine ? Les oligarques, en réaction à toutes les tentatives de limiter leur influence ou à toutes les décisions des autorités qui ne leur plaisent pas, déversent des flots d'informations négatives, voire de *fake news* par le biais des canaux médiatiques les plus populaires qu'ils contrôlent. Ils ferment également leurs entreprises par mesure de rétorsion, des décisions qui se traduisent par des pertes d'emplois.

À cause de l'étendue de leurs relations, les individus choisis par les oligarques peuvent facilement grimper les échelons dans les entreprises et réussir dans les leurs domaines. Ces mêmes individus se lancent ensuite en politique, accèdent au rang de ministre, voire au poste de Premier ministre. Mais même sans ces « liens » étroits avec l'oligarchie, chaque fois que les oligarques en ressentent le besoin, il y a fort à parier qu'il leur suffit d'utiliser leurs considérables ressources pour soudoyer et influencer la plupart des représentants du gouvernement.

Lorsque Zelensky entra en fonction, il a procédé à un gros renouvellement du personnel qui s'il n'a pas immédiatement amélioré le fonctionnement des agences gouvernementales et des institutions, a eu le mérite de faire entrer de nouveaux talents au gouvernement. Venant du monde de l'entreprise, Zelensky voulait instaurer les méthodes utilisées dans ce secteur pour améliorer l'efficacité et la flexibilité dans le secteur public, deux choses qui lui faisaient cruellement défaut. Il voulait moderniser la machine gouvernementale hiérarchisée, en retard technologique et bureaucratique en mettant en place des pratiques de gestion de la qualité et une meilleure communication avec les citoyens ukrainiens. Le cabinet du Président a engagé un cabinet de recrutement qui annonça la création de postes et fit passer des entretiens aux candidats pour choisir les plus qualifiés.

Il a également procédé à des changements d'organisation dans les bureaux pour rationaliser les procédures de travail pour encourager le personnel à travailler de façon plus efficace et plus productive. Mais tout le monde était conscient que le risque d'échec était assez élevé. Il y a eu un important renouvellement au sein du gouvernement et beaucoup avaient peur de commettre une erreur ou de décevoir le nouveau gouvernement dans leurs nouvelles fonctions. Ce fut parfois chaotique et d'aucuns furent déconcertés par ce qu'on leur demandait de faire. Mais tous ceux, et celles, qui furent capables d'atteindre les nouveaux standards plus élevés furent vite promus à des postes avec plus de responsabilités. Il est très vite devenu évident que les individus intelligents qui travaillaient dur pouvaient accéder à des postes haut placés malgré leur absence de relations.

Tout le monde était conscient qu'il ne serait pas facile de mettre fin à l'influence exercée par les oligarques sur le pouvoir politique en Ukraine. Pendant trente ans, c'est tout un système de coopération et de confrontation entre l'État et l'oligarchie qui s'était mis en place. Notre Parlement était rempli de députés fortunés qui percevaient des revenus de douzaines, voire de centaines d'entreprises. Certains députés du Parlement étaient eux-mêmes des lobbyistes qui enfreignaient la loi, méprisaient la moralité, manipulaient les médias et bloquaient les réformes.

Avant l'élection de Zelensky, il y avait eu d'importants efforts de déoligarchiser le pays. Les Ukrainiens ont entendu le terme « déoligarchisation » pour la première fois après la révolution de la Dignité, en 2014. Tout le monde connaissait la signification de ce mot – que nous devions démanteler le pouvoir des oligarques –, mais personne n'avait de plan concret pour y parvenir.

Une des premières tentatives pour déoligarchiser le pays est survenue lorsque le pouvoir politique ukrainien et les organisations internationales s'attaquèrent à l'extrêmement corrompue PrivatBank dont Kolomoïsky était l'associé majoritaire. PrivatBank était la plus grande banque d'Ukraine. Tout le système financier du pays dépendait de son existence. Elle était au bord de l'insolvabilité à cause des prêts louches qu'elle avait pour habitude d'accorder. Le gouvernement nationalisa la banque en 2016.

Kolomoïsky quitta le pays pour fuir la justice et ne regagna l'Ukraine qu'en 2019. Mais bien qu'ayant perdu le contrôle de PrivatBank et dans l'incapacité de rentrer dans son pays, il avait conservé le contrôle de beaucoup d'autres grandes entreprises monopolistiques qui continuèrent de générer des revenus. En 2018, sa fortune avait encore augmenté et était estimée entre 1 et 1,6 milliard d'euros. En termes profanes, les institutions internationales mettaient au point des instruments pour lutter contre la corruption, mais les oligarques ukrainiens faisaient preuve d'autant de créativité pour trouver des astuces leur permettant de continuer d'éviter de rendre des comptes et d'accroître leur fortune personnelle.

Bien que, à bien des égards, le processus de déoligarchisation ait débuté avant que Zelensky n'accède au pouvoir, il n'y avait aucun plan pour poursuivre le processus amorcé. Sans la mise en place d'un programme concret et au vu du peu de progrès visibles, la déoligarchisation est très vite devenue un slogan populiste vide. Il est devenu évident sous le gouvernement de Porochenko, lui-même un des hommes les plus riches d'Ukraine, qu'il était très difficile de mettre en œuvre un programme transparent de déoligarchisation.

Pendant toute la durée de son mandat de Président, Porochenko possédait plusieurs chaînes de télévision. Il les utilisa, pendant sa présidence et après, comme une formidable tribune pour faire la promotion de son parti et de son groupe politique au Parlement. Il ne voulait certainement pas détruire le système sur lequel lui et ses camarades avaient bâti leurs entreprises.

« L'Ukraine n'a pas de loi sur le lobbying, à la différence de certains pays européens et des États-Unis », fit observer, en 2021, Zelensky dans une interview pour *Axios* sur HBO. Avant de poursuivre en déclarant que le lobbying et l'oligarchie se ressemblent sur bien des points – dans la façon dont les grands groupes financiers et leurs représentants influencent l'adoption ou la non-adoption de certains textes de loi qui garantissent un profit à ces groupes financiers. « Lorsque d'aucuns disent qu'il y a des oligarques sur toute la planète, conclut Zelensky, je suis complètement d'accord. Ils sont juste civilisés. » En d'autres termes, en Ukraine, les oligarques ont recours à la coercition – ou à l'argent – plutôt qu'à la persuasion pour obtenir ce qu'ils veulent.

En 2008, la somme des fortunes des cinquante plus riches oligarques d'Ukraine correspondait à 85 % du PIB de l'Ukraine. En 2018, selon les données de la Banque mondiale, la somme des avoirs des trois plus grandes fortunes d'Ukraine s'élevait à un peu plus de 6 % du PIB de la nation. Un montant à peu près égal au fonds de retraite de l'Ukraine. L'impact négatif de l'oligarchie sur la situation de l'Ukraine – et son avenir – était évident pour tous. En 2018, *Novoe Vremya*[23], un journal indépendant ukrainien, publia que les 1 % les plus riches d'Ukraine augmentaient leur fortune « douze fois plus vite que le PIB du pays. Et il s'agissait du taux de croissance de leurs fortunes sur les seuls douze derniers mois. » Conclusion, même s'il y a eu pendant les cinq années de mandat de Porochenko plus de réformes pour limiter le pouvoir des oligarques qu'au cours des vingt-deux précédentes années, le système oligarchique n'avait rien perdu de sa puissance. Les monopoles des oligarques dans tous les secteurs qui étouffaient la concurrence et ne laissaient aucune place aux petites entreprises étaient responsables de la corruption endémique et de la pauvreté qui régnaient dans notre pays. Leur taille et leur influence empêchaient l'Ukraine d'avancer – malgré tous nos efforts, nous étions toujours le pays le plus pauvre d'Europe. Les investisseurs étrangers étaient persuadés qu'il leur serait impossible d'obtenir un accord équitable dans l'environnement économique non concurrentiel ukrainien. Entre 2018 et 2019, nous avons perdu deux points au niveau de l'Indice de perception de la corruption, un important indicateur pour la communauté internationale.

23. Nouvelle voix (NDT).

En 2018, il ne faisait aucun doute que la lutte pour nous libérer des oligarques serait encore longue.

Zelensky a avant tout été élu, en 2019, parce que les électeurs voulaient un Président qui s'attaque enfin au démantèlement du pouvoir des oligarques. Zelensky et son parti promirent de s'y atteler. Mais les réalités politiques auxquelles il était confronté avaient de quoi faire peur. Après avoir prêté serment, Zelensky a dû faire plus d'un compromis politique pour empêcher les oligarques de tuer sa présidence dans l'œuf. Zelensky comprenait la mentalité des oligarques et il était honnête avec lui-même : s'il se lançait dans une guerre d'information avec toutes les plus grandes chaînes de télévision du pays en même temps, les conglomérats médiatiques auxquels elles appartenaient se feraient un plaisir de le prendre pour cible et de le discréditer.

Il a d'abord dû s'occuper du cas Kolomoïsky qui essayait de remettre la main sur les actifs qu'il avait perdus pendant la présidence de Porochenko. Des rumeurs persistantes faisaient état que Zelensky envisageait de rendre PrivatBank à Kolomoïsky, mais le Président n'a jamais sérieusement envisagé cette option. L'oligarque a exercé des pressions par l'entremise de sa chaîne de télévision 1+1 dont il s'est servi pour attaquer Zelensky et essayer de saboter sa cote de popularité.

En 2019, pendant sa campagne présidentielle, Zelensky a défendu la loi prévoyant d'accorder une amnistie pour les capitaux accumulés dans des circonstances douteuses – une occasion unique pour les capitalistes de déclarer tous leurs gains mal acquis, de s'acquitter des arriérés d'impôts dus sur ces profits et de se voir accorder l'amnistie. Le but étant que l'argent qui avait illégalement quitté le pays revienne renflouer les caisses de l'Ukraine et stimule de nouveaux investissements. Les Ukrainiens qui s'étaient enrichis en se livrant à des activités douteuses dans leur pays pourraient profiter de leurs gains mal acquis et éviter les sanctions. Mais ce train ne passerait qu'une fois. En échange, ces affairistes se voyaient offrir une chance de revenir de façon transparente dans le système financier du pays, profiter de ses avantages et reprendre leurs activités commerciales en Ukraine. S'ils refusaient cette offre, ils n'auraient plus le droit d'investir en Ukraine. La loi a été votée en juin 2021. Les personnes concernées avaient un an pour accepter l'offre du gouvernement. En janvier 2022, les Ukrainiens avaient déclaré plus de 40 millions d'euros.

Cette proposition d'instituer une amnistie pour les capitaux avait déjà des adversaires avant même qu'elle ne soit rendue publique. Pendant la session parlementaire, plusieurs députés accusèrent, à tort, le Président Zelensky d'être le défenseur des oligarques. Zelensky faisait juste preuve d'un certain pragmatisme ; il estimait que récupérer au moins un peu de l'argent détourné serait une bonne chose et que, au final, cela lui permettrait de convaincre les aisés que la transparence financière serait une meilleure option pour eux à long terme.

Pendant l'été 2021, une autre loi fut promulguée qui ciblait de façon précise les oligarques ukrainiens, en établissant une liste de critères bien précis pour, d'abord, les identifier et dans un deuxième temps leur appliquer certaines restrictions pour limiter leur influence, par exemple en les empêchant, entre autres, de financer des partis politiques et de participer à des appels d'offres lors des privatisations à grande échelle d'entreprises publiques. Ces oligarques devaient également déclarer leurs gains, comme les fonctionnaires, et ne pouvaient pas organiser d'entretiens officieux avec des représentants du gouvernement. Lorsque Zelensky a fait voter cette loi, il s'est heurté à une violente opposition. La nouvelle loi qui devait entrer en vigueur en mai 2022 – mais elle pourrait être repoussée à cause de l'invasion russe – offrait la première définition légale d'un oligarque : personne à la tête d'un important monopole ayant une fortune supérieure à 2 milliards d'hryvnias, un peu plus de 75 millions d'euros et exerçant une influence sur la politique et les médias.

Lorsque le texte de loi fut soumis au Parlement, les chaînes de télévision contrôlées par des oligarques consacrèrent un nombre incalculable d'heures à attaquer le Président. Elles l'accusèrent de tous les maux qui frappaient le pays, des faiblesses de son équipe à la crise énergétique. Le projet de loi fut néanmoins voté et la loi promulguée le 5 novembre 2021.

Une autre tentative du gouvernement de mettre un frein aux pratiques monopolistiques des oligarques est à l'origine d'une des plus grosses controverses de début 2021. Cette année-là, l'Espagne a connu un hiver inhabituellement rude. Une tempête de neige que personne n'avait prévue a fait chuter les températures. En quelques heures, les journaux et les réseaux sociaux fourmillaient d'images de congères de neige de plusieurs mètres de haut et d'heureux snowboardeurs qui prenaient le métro pour rejoindre les pistes sur les montagnes couvertes de neige.

Mais cet épisode neigeux inhabituel n'a pas fait que des heureux à cause de l'augmentation des charges de chauffage qu'il a provoquée. Le prix du gaz s'est très vite envolé en Europe où il augmenta plus en quelques jours qu'au cours des douze derniers mois. Naturellement, cette hausse du prix du marché se répercuta sur les prix en Ukraine. Un plan de hausse progressive avait été mis en place depuis plusieurs années pour aligner les tarifs en Ukraine sur ceux du marché mondial, une mesure qui permettrait de minimiser le risque de corruption et de stabiliser les prix grâce à la concurrence du marché. Mais bien que laisser le marché fixer le prix du gaz soit, dans l'ensemble, une bonne stratégie qui a vraiment réduit de façon significative l'influence des oligarques dans ce secteur, cette politique présentait plusieurs effets pervers qui allaient à contresens de la réforme. Même si la hausse temporaire des prix fut favorable à l'économie, elle accentua la pression sur les consommateurs et sur le budget de l'État. Et comme le consommateur ukrainien payait un prix plus élevé, les oligarques continuaient d'engranger des profits.

Dmytro Firtash, un oligarque dans le secteur des ressources naturelles mieux connu pour sa mainmise sur l'industrie du gaz naturel, contrôlait environ 80 % de l'offre de gaz naturel en l'Ukraine par l'intermédiaire de son groupe de fournisseurs de gaz régionaux disséminés dans tout le pays. Somme toute, environ treize millions de personnes étaient approvisionnées en gaz par des entreprises contrôlées par Firtash.

Le tarif du gaz contrôlé par Firtash oscillait entre 9 000 et 9 600 hryvnias, 320 et 425 euros, pour 1 000 mètres cubes tandis que Naftogaz, l'entreprise de gaz naturel publique, le vendait 7 250 hryvnias, un peu moins de 260 euros. Zelensky expliqua dans plusieurs allocutions publiques que Firtash se fournissait en gaz auprès de ses entreprises basées à l'étranger et pouvait augmenter (ou baisser) les tarifs pour ses clients comme il le voulait.

Chaque jour, Firtash engrangeait des dizaines de millions d'euros tandis que le consommateur individuel n'avait aucune possibilité de changer de fournisseur de gaz naturel à cause du monopole de Firtash. Des calculs réalisés par des collègues étrangers montraient que même s'il était possible de s'abonner auprès de Naftogaz, seulement 47 % d'entre eux pourraient le faire en 2021. Cela signifiait que les prix élevés étaient désormais la norme et qu'il ne serait pas possible de les baisser avant plusieurs années. C'était une catastrophe pour les Ukrainiens qui ne pouvaient pas payer ces tarifs et à qui on demandait toujours d'attendre.

Heureusement, une solution fut trouvée avec toutes les agences publiques opérant dans ce secteur. Un tarif réglementé du tarif du marché du gaz a été temporairement imposé pour réduire les factures de chauffage et d'eau chaude de janvier mais aussi pour empêcher la nouvelle hausse prévue en février. Le nouveau tarif a été fixé à 7 000 hryvnias, un peu plus de 250 euros, pour 1 000 mètres cubes de gaz naturel. Je vous laisse calculer le manque à gagner de Firtash à cause de cette mesure.

Je n'ai pas besoin de vous dire que cela provoqua un tollé. D'un côté les adversaires qui saisirent l'occasion d'accuser les partisans du gouvernement d'augmenter les tarifs à une période où le tarif du gaz augmentait dans le monde entier. De l'autre, les laquais de Firtash qui admonestaient le Président au nom de leur patron aigri. Et d'un troisième, les partenaires internationaux qui s'inquiétaient d'un retour à plus long terme à un contrôle par l'État des prix sur le marché de l'énergie.

Heureusement, l'équipe de Zelensky a réussi à convaincre nos partenaires du bien-fondé de sa décision et à expliquer l'essence de ses décisions au public. D'abord, comme Zelensky l'avait déjà fait remarquer, les fournisseurs de gaz naturel disséminés dans tout le pays, contrôlés par Firtash, se fournissaient en gaz naturel auprès de leurs entreprises basées à l'étranger. Elles prétendaient que leurs marges étaient minimales mais le tarif initial n'avait pas été fixé par le marché mais par Firtash en personne, un bénéficiaire majeur. Dans la réalité, avant l'intervention de l'État pour réguler le marché, ce dernier était contrôlé, en grande partie, par un seul oligarque.

Quelques mois plus tard, nous avons lancé une campagne d'information pour expliquer aux consommateurs ukrainiens comment ils pouvaient changer de fournisseur de gaz naturel. Moins d'une semaine plus tard, les fournisseurs de gaz régionaux (ceux qui étaient contrôlés par Firtash) commencèrent à se plaindre de perdre jusqu'à quinze mille clients par jour. Firtash devrait faire face à la concurrence des tarifs de Naftogaz.

Ce fut une véritable victoire pour le gouvernement, malgré toutes les manifestations et les attaques négatives. Et même si dans cet exemple, les consommateurs ukrainiens y gagnèrent eux aussi, nous avions besoin de beaucoup plus de mesures de lutte contre la corruption pour les protéger de la prolifération des entreprises dirigées par des oligarques dont l'influence était profondément enracinée dans les institutions étatiques.

Ce combat contre l'oligarchie de l'énergie a eu d'autres conséquences. Devoir réguler le marché du gaz pour la troisième année d'affilée signifiait repousser les réformes. Et, comme tous les oligarques, Firtash avait un talent pour trouver de nouveaux mécanismes de corruption lorsque les anciens n'étaient plus utilisables. Même après sa défaite sur la régulation du tarif du gaz, en 2021, Firtash était toujours, selon *Forbes*, la vingt-cinquième fortune d'Ukraine, avec plus de 400 millions d'euros d'avoirs.

« Il est possible de le faire, je veux le faire en Ukraine », déclara Zelensky, en janvier 2021, dans une interview avec *Axios* sur HBO à propos de sa volonté d'éradiquer la corruption endémique qui règne dans le pays et, qui, parfois ressemble beaucoup au jeu de la Taupe. « Cela doit être accepté. Ce n'est pas juste une décision des agents des forces de l'ordre d'incarcérer quelqu'un. Je ne suis pas contre le fait d'incarcérer ceux qui enfreignent la loi. Mais d'autres prendront leur place. Il est donc nécessaire de changer ces procédures au niveau législatif. Je suis persuadé qu'il est possible de le faire. »

Le gouvernement devait identifier et éradiquer la corruption dans les entreprises et dans les comptes financiers privés des oligarques eux-mêmes, mais il devait également lutter contre l'influence destructive des campagnes de désinformation que ces mêmes oligarques lancent régulièrement. Zelensky expliqua qu'il s'y emploierait de deux façons : primo, en empêchant les oligarques de contrôler des groupes de télévision et de médias, et, secundo, en limitant leurs occasions d'exercer une influence sur la classe politique.

Le 2 février 2021, Zelensky imposa des sanctions contre trois chaînes de télévision et leur propriétaire, Taras Kozak, un proche de l'oligarque Viktor Medvedtchouk qui est, quant à lui, un ami et un proche de Vladimir Poutine. Ces chaînes de télévision – 112 Ukraine, NewsOne et ZIK – furent immédiatement suspendues d'antenne. Remplis de propagande, leurs programmes se trouvaient, désormais, à des années-lumière du véritable journalisme. Elles utilisaient des *fake news* pour discréditer toutes les réformes contre les oligarques, toutes les tentatives vers la création d'une économie de marché forte. Elles colportaient des propos provocateurs, attisaient les querelles autour de la langue et de la religion et déformaient le moindre fait. On percevait de façon manifeste l'influence de plusieurs groupes politiques et financiers dans les contenus qu'elles mettaient à l'antenne. Leurs messages étaient concordants avec ceux diffusés par les blogueurs prorusses, les journaux prorusses et le parti prorusse, Plateforme d'opposition – Pour la vie (OPZZh). Tous ces messages étaient ensuite amplifiés par des bots qui publiaient la même désinformation.

Les Russes étaient des experts dans ce genre de programmes télévisés qui diffusaient des *fake news*. Une de mes amies m'a raconté qu'un jour, à titre d'expérience, elle avait accepté une invitation dans un talk-show politique sur la principale chaîne de propagande publique, Russia-1. En Ukraine, nous évitions généralement d'accepter ce genre d'invitations parce que les chaînes de télévision russes comme Russia-1 n'essaient absolument pas de faire preuve de mesure ou d'équité dans les programmes qu'elles diffusent. Le concept d'« objectivité des médias » n'y existe pas. Ils font semblant d'être ouverts aux autres opinions en invitant untel à l'antenne, mais ensuite ils se jettent sur lui ou sur elle comme une meute de chiens.

Sachant cela, mon amie a quand même pris la décision courageuse d'aller observer les médias russes à l'œuvre de l'intérieur. Elle était en plateau avec cinq autres intervenants qui racontaient tous des mensonges incroyables à propos de l'Ukraine et répétaient *ad nauseam* que le Kremlin avait raison en tout point. Dès qu'elle ouvrait la bouche, elle était interrompue par les autres « experts » sur le plateau. Plusieurs fois, les présentateurs et la régie ont même coupé son micro pour l'empêcher de présenter son point de vue ou se défendre contre les accusations. Elle a été réduite au silence pour que ses arguments ne soient pas audibles et ne musellent pas la propagande. Après l'émission, les présentateurs sont redevenus charmants. Ils l'ont invitée à dîner et lui ont demandé, tout sourire, de ne pas leur en vouloir en disant : « Nous avons juste fait notre travail, vous savez. »

En une occasion, les campagnes de *fake news* sur ces chaînes de télé ont pris un tour très personnel. Les journalistes russes prétendirent que j'étais enceinte et que j'attendais l'enfant du Président. Pendant onze minutes, en direct sur la télévision russe, six experts ont débattu de ma liaison et de ma grossesse imaginaires. Cette désinformation s'est propagée dans toute l'ancienne Union soviétique et j'ai reçu des appels de Biélorussie et du Kirghizistan. Je n'étais, bien évidemment, pas la véritable cible de cette attaque de désinformation, c'était le premier couple d'Ukraine – le Président et la Première dame – qui était visé. L'histoire portait toutes les marques de la désinformation russe à laquelle nous sommes chaque jour exposés : machisme, graveleux, insinuations personnelles sans la moindre once de preuve ou de vérité.

Sur ZIK, une des trois chaînes ukrainiennes de télévision prorusses dont la diffusion a été suspendue pour avoir propagé la propagande russe, Olena Loukach était à l'antenne lorsque le faisceau a été coupé. Loukach, l'ancienne ministre de la Justice de Ianoukovytch qui avait fui en Russie pour ne pas devoir rendre des comptes pour les exactions de son gouvernement corrompu, était en train de rabâcher ses traditionnels mensonges à propos de la soi-disant interdiction des livres et des films en russe en Ukraine au moment de la coupure. « Nos enfants ne verront plus jamais *Les Trois de Prostokvashino* [un dessin animé soviétique très populaire dont l'auteur est russe] », disait-elle. L'écran est ensuite devenu noir. Une semaine ou deux plus tard, Zelensky déclara : « Nous n'avons pas fermé nos chaînes. Nous avons fermé les leurs », pour expliquer que c'étaient des chaînes de propagande russe.

Suspendre la diffusion des chaînes de Medvedtchouk était une mesure audacieuse et déterminante. Medvedtchouk était le membre le plus insolent, le plus prorusse et le plus anti-gouvernement de l'élite oligarchique, et c'était la première fois depuis la déclaration d'indépendance de l'Ukraine, en 1991, que quelqu'un avait osé couper le cordon ombilical qui relie l'Ukraine au Kremlin. En 2014, après l'annexion de la Crimée par la Russie, les États-Unis ont pris des sanctions contre Medvedtchouk. Sur des enregistrements de Leonid Koutchma, le deuxième Président ukrainien, on entend ce dernier dire, en 2002, que Medvedtchouk était « il en était certain, à cent pour cent, un agent du KGB ». Medvedtchouk avait le monopole sur la vente de diesel à toute l'armée ukrainienne, ainsi que sur le charbon et le gaz naturel liquéfié du Donbass et des territoires occupés. Des dizaines d'entreprises, déclarées au nom de sa femme, Oksana Marchenko, étaient enregistrées dans les territoires ukrainiens annexés par la Russie. Il vendait également, bien sûr, du charbon à la Russie.

Poutine et lui étaient des amis. Poutine devint le parrain de la fille de Medvedtchouk, Darya, en 2004.

Il est impossible de se souvenir d'un autre moment dans l'histoire de l'Ukraine où, à mi-mandat, un Président a reçu une réponse aussi positive lors d'une allocution à la nation. « Ceux qui ont l'habitude de faire des affaires avec [les territoires annexés par la Russie en 2014], qui maintiennent des liens réguliers avec les unités militaires illégales et les pseudo-structures dans ces territoires – tous représentent une menace pour notre pays. Cela signifie que notre pays va entrer en guerre contre eux et c'est également la ligne que nous adopterons », déclara Zelensky dans une vidéo tournée dans son bureau. « Je suis obligé d'agir et j'agirai, en utilisant tous les moyens légaux à ma disposition pour neutraliser ce genre de menaces. Y compris en prenant des sanctions. » Les fermetures, expliqua-t-il, étaient en conformité avec les mesures prises pour sanctionner les combattants de cette guerre de communication opérant à l'intérieur des frontières ukrainiennes. « Soyons honnêtes, aujourd'hui nos dirigeants se font insulter sur toutes les chaînes. Mais toutes les chaînes n'ont pas été sanctionnées par les autorités », ajouta le Président Zelensky. Il a ensuite évoqué la guerre de propagande en cours. Il a parlé des chaînes de télévision qui colportaient des mythes à propos de la réforme agricole, en alléguant que les politiciens ukrainiens avaient, soi-disant, vendu la terre à des étrangers. Il parlait de leurs reportages sur les manifestations contre les hausses de prix du combustible alors qu'elles savaient très bien que ces manifestations étaient financées par le parti prorusse. Enfin, le Président évoqua ce qui le dérangeait personnellement : « Mais le point le plus important n'est pas là », dit-il. « Alors qu'ils gagnent de l'argent grâce à la guerre, ils sont convaincus qu'il n'y a, en fait, pas de guerre. Pour être plus précis, ils prétendent qu'il s'agit d'une guerre civile. Non pas dans le sens d'un affrontement entre des citoyens d'Ukraine et de Russie. Mais que c'est notre conflit intérieur. Une querelle. Des troubles civils à si petite échelle. Après tout, quand on y réfléchit, dix mille morts… »

Quelques semaines plus tard, le Conseil national de défense et de sécurité a pris des sanctions contre Medvedtchouk, sa femme et son associé, Taras Kozak, qui avaient des passeports de deux pays, l'Ukraine et la Russie. Les sanctions les empêchaient d'avoir accès à leurs avoirs, leurs opérations financières et à leurs avions privés.

Pour la première fois, la Russie voyait que l'Ukraine avait des dents et qu'elle n'accepterait tout simplement pas les vagues successives de propagande destructive. L'Ukraine rendrait coup pour coup si elle était attaquée.

Deux semaines plus tard, l'Ukraine a pris possession de 1 500 mètres de pipeline appartenant à une entreprise contrôlée par Medvedtchouk, avec l'objectif de les voir retourner dans le giron de l'État. Une semaine plus tard, les États-Unis prirent les premières sanctions symboliques contre Kolomoïsky, tout en condamnant également la corruption qui régnait dans l'oblast de Dnipropetrovsk lorsqu'il en était le gouverneur.

Zelensky a ensuite renchéri. Après une séance du Conseil national de défense et de sécurité, il publia un communiqué dans lequel figuraient les noms d'absolument tous les oligarques ukrainiens : « Sur les sanctions prises par les États-Unis à l'encontre des anciens propriétaires de PrivatBank. Nous soutenons cette décision et nous sommes à pied d'œuvre pour rendre ces actifs à l'Ukraine. Afin de rendre justice à l'Ukraine. Le principe majeur étant que nous voyons clairement la différence entre les concepts de "grande entreprise" et la "classe oligarchique". Les noms sur cette liste ne sont pas le plus important : Medvedtchouk, Kolomoïsky, Porochenko, [Rinat] Akhmetov, [Victor] Pintchouk, Firtash ou un autre. Il y a une seule chose qui est importante : êtes-vous prêts à respecter la loi et à travailler en toute transparence ou voulez-vous continuer de créer des monopoles, contrôler les mass médias et influencer les députés et d'autres représentants de l'État ? La première option est viable, la seconde ne l'est plus », déclara Zelensky.

Sachant que toutes les autres chaînes de télévision ukrainiennes étaient encore aux mains des oligarques,

Zelensky prenait un gros risque, en s'opposant au système politique ukrainien gangrené par la corruption qui, malgré ses actions décisives, aurait très bien pu le manger tout cru. En 2021, c'était exactement ce qui arriva avec les chaînes de télévision d'Akhmetov. Le plus riche de tous les oligarques ukrainiens s'était violemment opposé à la loi présidentielle sur la déoligarchisation et lorsqu'elle est entrée en vigueur, les chaînes de télévision d'Akhmetov ont lancé attaque sur attaque, certaines complètement fausses et pour les autres sans faire grand cas de l'éthique journalistique ou de la mesure. Cette bacchanale d'invectives ne cessa qu'avec l'invasion russe.

Après le début de la guerre de 2022, beaucoup d'oligarques, et notamment Akhmetov, Pintchouk et Kolomoïsky, du moins publiquement, apportèrent leur soutien au Président. Porochenko et Zelensky se seraient, dit-on, serré la main et mis d'accord pour travailler ensemble. Afin que le peuple ukrainien n'entende qu'un seul son de cloche, la plupart des chaînes de télévision ukrainiennes ont fusionné pour n'en former plus qu'une. Les chaînes de Porochenko ont été interdites.

Alors que les Ukrainiens avaient, dans l'ensemble, bien accueilli la fermeture des chaînes de Medvedtchouk parce que ces dernières n'étaient qu'un vecteur de diffusion de la propagande russe, le contrôle strict des médias mis en place pendant la guerre, bien que compréhensible en tant que mesure de protection, a soulevé quelques inquiétudes à propos de la future liberté d'expression. Nous sommes entrés dans le deuxième mois de guerre, la chaîne du gouvernement ne bénéficierait, selon les études, que d'un taux de confiance de 5 % auprès de la population ukrainienne. L'interdiction d'émettre pour les chaînes de Porochenko n'a pas été levée.

Pendant que les oligarques ukrainiens étaient en lutte avec leur propre gouvernement, une autre partie de la photo est apparue : une ère dans laquelle l'influence russe profondément enracinée était remise en question avait débuté en Ukraine. Cela a été, sans nul doute, une des raisons de la violente invasion russe de 2022. Poutine a compris qu'il devait envahir notre pays et mettre en place une marionnette comme Medvedtchouk, faute de quoi il risquait de perdre son emprise sur l'Ukraine.

CHAPITRE 10

Apprendre à vivre en démocratie

Si nous voulons bâtir un pays démocratique et civilisé, nous devons respecter le droit international. Nous devons rester humains.

—VOLODYMYR ZELENSKY

(INTERVIEW À *AXIOS* SUR HBO, 23 JANVIER 2021)

Dans les archives vidéo du service de presse du Président Zelensky, il y a des clips extrêmement intéressants que le public n'a jamais vus. Nous avons décidé de les conserver : en premier lieu parce qu'un service de presse doit tout garder, mais aussi parce que pour nous, ces clips vidéo regorgeaient de moments émouvants et drôles.

Dans un, on peut voir le Président Zelensky en train de discuter avec deux prêtres d'un âge vénérable lorsque le vidéaste qui filmait leur entretien cassa un vase. Le vase n'était pas dans le champ mais nous avons entendu qu'il avait heurté quelque chose. Le vase tomba et se brisa. Les deux hommes de Dieu lancèrent au vidéaste un regard qui exprimait leur surprise et leur indignation. Le Président se leva, se dirigea vers le vase brisé, s'accroupit et ramassa les morceaux. Ce fut un de ces instants où nous avons pu observer le sens moral et l'humilité du Président – des aspects très importants de sa personnalité. Nous n'avons pas pu nous empêcher de rire parce que le vidéaste, que tout le monde appelait Vova, le diminutif de Volodymyr – le même diminutif et le même prénom que le Président –, continua de filmer toute la séquence dans laquelle on voit le Président accroupi en train de ramasser tous les débris. Vova n'a pas eu la présence d'esprit de comprendre que c'était à lui de les ramasser.

Il y a une autre vidéo, tournée par le même vidéaste, sur la ligne de front au Donbass. En février 2021, Zelensky s'est rendu au Donbass accompagné par six diplomates étrangers. Le Président a vu qu'Anka Feldhusen, l'ambassadrice d'Allemagne en Ukraine, avait du mal à attacher la sangle son casque. Il s'est levé pour l'aider. J'ai envoyé cette brève et touchante séquence de quatorze secondes à Anka.

Mais il y a d'autres moments qui ne sont gravés que dans notre mémoire : par exemple, un de nos premiers déplacements en province. Nous avions l'impression d'accompagner une rock star. Un grand nombre de personnes était venu voir Zelensky, pour faire quelques pas à ses côtés et, mieux encore, prendre des selfies avec lui. La foule nous encerclait littéralement, certains hurlaient le prénom du Président, d'autres poussaient des cris de joie. Nos gardes du corps essayaient tant bien que mal de les maintenir à distance, mais la foule se montrait de plus en plus pressante pour pouvoir l'apercevoir. Au cœur de la foule, il y avait une jeune maman avec une petite fille. Elle la maintenait difficilement, à bout de bras, au-dessus de sa tête, pour la protéger des mouvements de la foule. Les gens se bousculaient, la foule se rapprochait dangereusement de l'enfant. La maman effrayée était désemparée. J'essayais de protéger la fillette qui s'était mise à pleurer. Zelensky a entendu ses pleurs et a fait demi-tour. Il a vu la fillette, s'est dirigé vers elle et, d'un geste de la main, a invité la foule à reculer. Ses gardes du corps l'aidèrent à se frayer un passage. Il s'est accroupi à côté de la petite fille en pleurs et a essayé de la calmer. La foule arrêta de pousser et la mère demanda à faire un selfie pour immortaliser l'instant.

Je mentionne ces incidents mineurs uniquement parce que lorsqu'on a vu Zelensky en action, qu'on connaît ses valeurs et sa conception du monde, certaines des représentations faites de lui paraissent d'une absurdité. Il s'agit, ni plus ni moins, d'attaques politiques de ses rivaux pour le calomnier ou le discréditer sur le plan politique, en fabriquant une autre image de lui sur Internet – où ils le font passer pour un lâche, un connard arrogant ou un imbécile.

Zelensky a souvent tenté de corriger cette image, parfois en s'en prenant à certains journalistes à qui il a reproché de n'écrire que des articles à charge et de publier des *fake news*. Mais il voulait faire connaître sa propre vision et sa propre version de l'histoire dans un espace informationnel immature, déréglementé, sans déontologie ni limites.

Une fois en fonction, Zelensky a très vite appris à faire la différence entre les manifestations orchestrées à des fins politiques de celles exprimant de véritables revendications. Il est très facile de créer une image convaincante lorsque les individus qui orchestrent les manifestations possèdent leurs propres chaînes de télévision et peuvent couvrir les événements selon l'angle qui servira au mieux leurs intérêts. Bien sûr, les véritables motifs de ces manifestations étaient dissimulés sous de magnifiques slogans demandant la fin des injustices, mais beaucoup d'entre elles étaient moins l'expression spontanée et sincère de revendications qu'un effort savamment orchestré pour influencer certaines décisions politiques, annuler des textes de loi ou défendre certains intérêts. Un jour, nous avons vu une foule bruyante se rassembler et accuser Zelensky d'être prorusse parce qu'il avait décidé de réactiver les pourparlers de paix en sommeil avec la Russie. Il voulait mettre fin au conflit au Donbass. Il n'y avait jamais de véritables échauffourées dans ces manifestations, mais l'animation y était artificiellement entretenue par des agitateurs rémunérés. Et elles étaient filmées de façon à paraître énormes et violentes à la télévision. En d'autres occasions, des manifestants sont venus manifester contre des textes de loi sur la transparence financière, la réforme foncière et même le non-versement des salaires par des entreprises privées. Il s'agissait de manifestations orchestrées dans lesquelles les manifestants ne savaient, bien souvent, même pas contre quoi ils manifestaient et étaient incapables d'expliquer pourquoi ils étaient venus participer à telle manifestation.

Toutes les manifestations, bien sûr, n'étaient pas orchestrées. Il y avait également de véritables manifestations organisées par des militants sincères qui étaient mécontents de telle ou telle décision prise par le gouvernement. Les débats animés sont inhérents à la démocratie. Mais à la différence de ce qui se passe en Russie, le gouvernement ukrainien n'a pas mis de manifestants derrière les barreaux.

En 2020 et en 2021, Zelensky faisait très attention à ce qui se passait dans les manifestations qui se déroulaient dans toute l'Ukraine et à leurs effets sur l'image de son gouvernement. Il essayait de savoir qui les organisait, qui les finançait, les motifs des organisateurs, le nombre de manifestants et d'où ils étaient. La rétribution touchée par les manifestants était l'information la moins importante à ses yeux. Le plus important était de distinguer les véritables manifestations de celles qui étaient orchestrées.

Il était vraiment préoccupé par les soi-disant manifestations contre le génocide des tarifs qui protestaient contre l'augmentation du prix du gaz, de l'électricité et du chauffage, une mesure qui frappait très durement les plus pauvres. Les manifestations étaient encouragées par Medvedtchouk qui sauta sur l'occasion pour attiser les tensions dans le pays. Des manifestations furent organisées dans plusieurs oblasts du pays.

Comme les émissions sur les chaînes de télévision déjà fermées de Medvedtchouk, ces manifestations regorgeaient d'images scénarisées. Avant la diffusion de ces émissions de télévision, les producteurs repéraient les femmes qui criaient le plus fort et leur donnaient le plus de temps d'antenne, comme si elles avaient remporté quelque chose. Les manifestations utilisaient le même procédé.

Zelensky était également inquiet des manifestations des mineurs qui protestaient contre le non-versement de leurs salaires. L'industrie houillère en Ukraine est un secteur qui est traditionnellement très endetté. Le Président exigea à plusieurs reprises une explication au sujet de cet endettement aux dirigeants régionaux et au ministre. Un jour, il est même sorti pour discuter avec les mineurs qui manifestaient sous ses fenêtres, à l'improviste, sans en parler à quiconque.

Zelensky insista pour que le gouvernement verse toutes les primes promises aux mines gérées par l'État parce que le gouvernement devait aux travailleurs plusieurs centaines de millions d'hryvnias d'arriérés de salaire. Et, ensuite, en faisant une importante distinction entre les mines gérées par des fonds gouvernementaux et les mines gérées par des entreprises privées, qui appartiennent à certains des hommes les plus riches du pays, il a déclaré que les propriétaires de ces mines avaient l'obligation de verser à leurs travailleurs les arriérés de salaire afin que les manifestants comprennent que l'État n'a aucun pouvoir sur les mines privées et qu'ils avaient été abusés par leurs employeurs privés.

Dans cet espace où la fiction côtoie la réalité, les idéaux côtoient le cynisme, et la permissivité se confond avec la liberté, des centaines et des milliers de personnes participèrent à des manifestations interminables, pas seulement à Kyiv mais également dans d'autres villes dans tout le pays, pour exprimer leur opposition constante et leurs ressentiments naturels mais motivés fondamentalement par leur intérêt personnel.

Parmi ces soi-disant citoyens ordinaires on trouvait les conducteurs de tracteurs John Deere, coûtant plus de 5,5 millions d'hryvnias, environ 200 000 euros, utilisés pour bloquer le quartier du gouvernement pour défendre « les droits des pauvres agriculteurs », et des grévistes agressifs manifestant « « contre la hausse des tarifs », sponsorisés par Dmytro Firtash l'oligarque du gaz, qui est celui qui profite le plus de ces bas tarifs, en détournant le gaz vendu à bas prix destiné à la population pour ses entreprises. Il y avait également des extrémistes qui « défendaient » la langue russe de « nationalistes » imaginaires – une accusation en réalité sans fondement mais souvent avancée par la Russie.

Presque toutes les manifestations étaient couvertes sur les réseaux sociaux ou les chats. En parcourant les nombreux messages et les groupes de chat, il était possible de découvrir les sommes versées aux participants à telle manifestation, de 150 hryvnias, un peu plus de 5 euros, pour une demi-heure à environ 1 000 hryvnias, un peu moins de 35 euros, pour toute la journée. Ces soi-disant entrepreneurs pouvaient donc toucher en un mois quatre fois leur salaire mensuel moyen. (Parfois le prix de la moralité s'élevait à 30 000 hryvnias, un peu plus de 1 000 euros.)

Autre sujet de protestation pour les manifestations orchestrées et souvent massives, les taxes exorbitantes sur les voitures neuves. Les taxes sur un véhicule neuf en Ukraine étaient une fois et demie à deux fois plus élevées, par exemple, que dans l'UE. Pour contourner ces taxes, il y avait beaucoup de véhicules d'occasion avec une plaque d'immatriculation étrangère importés en Ukraine, soi disant pour être utilisés temporairement par des étrangers.

Mais en fait, les véhicules étaient la propriété, non déclarée, de citoyens ukrainiens pour leur usage personnel, pour les revendre ou les démonter pour vendre les pièces détachées, importés sans s'acquitter des droits de douane. La pratique d'avoir des voitures d'occasion immatriculées à l'étranger était extrêmement répandue depuis 2014 ; des millions de véhicules avaient été importés grâce à ce subterfuge. Je comprenais les raisons de la colère de nombreux automobilistes dans le pays le plus pauvre d'Europe, mais je pensais également qu'ils avaient tort de ne pas payer les taxes et d'importer de vieux tas de ferraille polluants. C'était une question qui exigeait une réponse institutionnelle à long terme, et le gouvernement avait déjà réussi à remédier en partie au problème. Une légère pénalité et de nouvelles règles avaient réduit le nombre de véhicules immatriculés à l'étranger de plusieurs millions à quelques centaines de milliers.

Dans le même quartier, pas très loin du Parlement ukrainien, un autre groupe de manifestants, qui s'étaient autobaptisés « autoentrepreneurs ukrainiens », manifestèrent pendant des mois contre une proposition de loi qui avait déjà été repoussée d'un an sans en comprendre l'essence. Ils se réchauffaient dans les toilettes municipales entre les manifestations et désertaient leurs lieux de travail. Aucune loi n'aurait pu autant nuire aux petits entrepreneurs que leur absence volontaire de leur lieu d'activité.

Les interminables conflits financés par des groupes financiers et politiques discréditaient également l'utilité des véritables manifestations politiques qui sont un puissant instrument dans une démocratie.

Une de mes enseignantes de l'établissement ukrainophone de Kherson, Valentyna Datsiuk, nous a dit quelque chose de très important que je n'ai jamais oublié. Elle nous a dit que nous devions étudier la littérature, les mathématiques et les matières techniques mais que nous devions également apprendre à devenir la nation et le pays dans lequel nous voulions vivre en tant que citoyens ukrainiens. « La liberté est, elle aussi, quelque chose qui doit être apprise ! » disait-elle. Avec ce conseil, elle avait réussi à capter mon attention qui avait l'habitude de vagabonder pendant les cours. La liberté est souvent associée avec l'absence de limites et de règles, mais il y a une différence entre liberté et permissivité. La liberté offre la possibilité de progresser et d'apprendre, de construire une société juste et civilisée pour tous ; la liberté a donc toujours, par définition, des limites et des règles précises. Sans quoi elle se transforme en anarchie dans laquelle l'absence de limites, le non-respect des valeurs et le nihilisme sont les règles. En démocratie, la liberté individuelle s'arrête là où commence celle des autres. Les sociétés démocratiques qui sont plus évoluées que la société ukrainienne l'ont compris. Chaque fois qu'elles oublient cette vérité essentielle, elles se mettent en péril.

Beaucoup de mes camarades de classe ont ri en entendant cette remarque de notre enseignante, mais ayant été élevée dans une famille d'idéalistes du Komsomol, pas moi. J'ai eu une réaction très différente. Pour illustrer son propos, elle a évoqué le changement d'attitude de notre société vis-à-vis du sexe après la chute du communisme.

Il est de notoriété publique qu'« en URSS, il n'y avait pas de sexe ». On n'a commencé à discuter ouvertement de sexe qu'après la création d'une Ukraine indépendante. Une société à qui on a défendu de parler, de lire et de penser au sexe était soudain libre de faire ce qu'elle voulait. Une société étonnamment ignorante en matière de sexe devint trop permissive dans ce domaine et a dû en payer toutes les conséquences : une explosion du nombre de maladies sexuellement transmissibles, une épidémie de VIH, une augmentation de nombre des avortements et de mères adolescentes à la suite de viols, la prolifération de la prostitution et des expériences sexuelles trop précoces. Ce qui était auparavant interdit ou socialement inacceptable était devenu cool. Même si en ma qualité de prude jeune fille, je refusais de l'admettre, les exemples cités par mon enseignante étaient indéniables.

La démocratie avec une permissivité totale implosera, aujourd'hui plutôt que demain. Et, pourtant, si une nation a pendant longtemps interdit de faire quelque chose et qu'ensuite, tout d'un coup, ce qui avait été interdit est autorisé, il est naturel, du moins pour certains individus, de se lâcher des plus autodestructrices des façons. Nous pensions naïvement qu'une fois la démocratie instaurée, elle fonctionnerait toute seule. Nous avions tort. Comme les autres démocraties ayant une plus grande expérience que la nôtre, nous avons appris que la démocratie a besoin qu'on prenne soin d'elle et qu'on la chérisse sans quoi elle se fanera et disparaîtra. Un pays comme le nôtre a besoin de décennies pour apprendre les règles et les habitudes de la démocratie, y compris le respect mutuel de nos différences ainsi que l'acceptation des liens qui nous unissent en tant qu'Ukrainiens.

Dans quelque temps, les anecdotes et les plaisanteries rabaissant les femmes, les Juifs, les Noirs et les gays deviendront incompréhensibles et cesseront d'être drôles. Une femme sera belle non pas à cause de sa jeunesse ou de son apparence, mais de sa finesse d'esprit, de son énergie et de son sourire intelligent. Le Parlement promulguera des lois pour défendre les victimes de violences domestiques, les policiers n'écarteront plus d'un revers de main, comme une mouche qui volerait trop près d'eux, la plainte d'une femme battue par son mari (ce qui a longtemps été considéré comme une affaire de famille) et les victimes de violences domestiques n'auront plus peur de les dénoncer.

Personne n'aura plus besoin de ramasser l'emballage de bonbon que quelqu'un d'indélicat aura laissé tomber et personne ne crachera plus son chewing-gum dans la rue. Ce sont toutes les règles et les limites qu'on retrouve dans les pays civilisés parce qu'elles préservent les valeurs humaines et permettent aux individus de vivre ensemble au sein d'une communauté.

De la même manière dans une société libre, nous devons apprendre que la vérité nous permet de vivre ensemble. C'est une restriction très stricte et très exigeante, mais également une chance de bâtir une démocratie. Nous n'avons pas le droit de dire n'importe quoi ou de supposer qu'il n'y a pas de limites. Il est impossible de construire une démocratie sans la liberté de dire la vérité, mais il est également nécessaire d'avoir une compréhension communément acceptée de ce qui est la vérité. Les *fake news* masquent les contours de la vérité, les limites de la confiance et les limites de la réalité.

Les faux articles dans les médias, les fausses manifestations dans les rues. Ni la liberté ni la démocratie ne peuvent reposer sur des mensonges. La seule chose que vous pouvez bâtir avec, c'est une image illusoire de liberté mais au fil du temps, la société va soit reconnaître ce mensonge soit s'effondrer sur elle-même.

Zelensky était persuadé que la nouvelle génération d'Ukrainiens, nés après l'effondrement de l'URSS, avait une meilleure compréhension de l'indépendance et de la liberté. Que cette nouvelle génération était prête et capable de construire un État fort. Il était persuadé que déclarer notre indépendance vis-à-vis de l'Union soviétique et de son idéologie d'un autre temps était la fondation nécessaire à une véritable démocratie ukrainienne.

« Aujourd'hui, toute une génération est déjà formée, née en Ukraine indépendante. Pour eux, c'est la normalité. Pour eux, il ne peut pas y avoir d'autre voie. Et c'est merveilleux. Parce que cette génération est notre pilier intellectuel. Le pilier de la liberté, de la démocratie et du développement. Ils pensent différemment, ils pensent de façon moderne et cela signifie que l'Ukraine ne pourra qu'aller de l'avant », déclara-t-il le 24 août 2019, le jour de l'indépendance de l'Ukraine, pendant la première année de sa présidence.

CHAPITRE 11

Les guerres de désinformation

Nous oublions que les armes d'information se sont depuis longtemps révélées sur la scène internationale bien plus puissantes que les armes nucléaires, parce qu'elles ne sont pas interdites.

—VOLODYMYR ZELENSKY

(INTERVIEW À *AXIOS* SUR HBO, 23 JANVIER 2021)

La désinformation, les *fake news* et la propagande existent depuis la nuit des temps, mais aujourd'hui les nouvelles technologies leur permettent de proliférer sur Internet au point de souvent rendre inaudibles les voix de la raison. Et surtout en Ukraine.

Les bots qui furent mis au point au tout début d'Internet, ont été récemment utilisés à de noirs desseins.

Des individus sans scrupules utilisent les algorithmes des réseaux sociaux pour augmenter la popularité de certains types de contenus provocateurs et diffuser leur propagande.

Depuis plus d'une décennie, les pays de l'ancien bloc soviétique ont joué un rôle important et troublant dans la création des fermes à bots et des fermes à trolls. Des Russes et des Ukrainiens prorusses, dont beaucoup travaillent pour le Service fédéral de Sécurité russe (FSB), ont mis en place des usines à bots très efficaces qui créent le chaos, des distractions, de la colère et de la peur *via* de nombreux canaux de désinformation qui, désormais, posent de graves problèmes sur toute la planète, dans des pays aussi différents que le Venezuela, la Colombie, les États-Unis et le Royaume-Uni – pas seulement en Ukraine.

Voilà comment cela fonctionne. Nous passons de plus en plus de temps sur Internet pour lire des posts, regarder des vidéos et à consommer plus d'informations que jamais. Nous les partageons avec nos amis et nous les mentionnons dans nos tweets. Beaucoup de nos concitoyens ne consultent que les réseaux sociaux pour s'informer. Nous avons ainsi créé des écosystèmes d'information complètement inédits, en dehors des systèmes traditionnels qui, eux, possèdent des procédures de vérification des informations.

Les bots se font passer pour une personne physique sur Internet. Ils profitent de nos réseaux sociaux déjà établis et s'y propagent comme une traînée de poudre, sur Facebook,

Twitter, Instagram et les applications de messagerie instantanée. Les messages dont ils font la promotion sont simples, précis, sans ambiguïté et ne véhiculent qu'une seule idée. Ils sont calibrés pour susciter les émotions les plus fortes et susciter la peur et la confusion, provoquer le chaos et causer des dommages psychiques considérables à chacun d'entre nous, à nos êtres chers et à l'ensemble de la population de notre pays.

Après son accession à la fonction suprême, il n'a pas fallu longtemps à Zelensky pour comprendre le danger représenté par ces fermes à bots et les périls qu'elles font courir à l'Ukraine : « Ce sont les défis d'aujourd'hui et nous devons être prêts à y faire face », déclara Zelensky dans une interview à Interfax-Ukraine en février 2020. « En Ukraine, c'est désormais un véritable secteur d'activité, un secteur très rentable. Les fermes à bots sont un danger pour tout le monde : pour le camp du blanc et pour le camp du noir, indifféremment. Parce que ceux qui sont dans le camp du bien et qui, par exemple, soutiennent l'indépendance de l'Ukraine sur les réseaux sociaux aujourd'hui peuvent très bien être contre tout cela demain. Nous devons, par conséquent, combattre ces pratiques. Pour l'indépendance du pays, l'indépendance des individus. Nous devons protéger les droits humains par tous les moyens. »

Là, le message de Zelensky prenait une dimension universelle. Il ne s'adressait plus uniquement aux Ukrainiens.

Dans son esprit, c'est le monde entier, Ukrainiens compris, qui doit apprendre où s'arrête la liberté d'expression et où commence la désinformation. Selon moi, c'est un point absolument crucial parce que si nous ne sommes pas capables de définir ce qui est autorisé sur les réseaux sociaux aujourd'hui, nous serons incapables d'affronter des défis encore plus importants à l'avenir.

Les fermes à bots étaient utilisées pour compléter et renforcer les méthodes utilisées sur les chaînes de télévision appartenant à des oligarques. Elles permettaient d'amplifier le message des marionnettes prorusses portées au pouvoir par Moscou dans différents pays et d'influencer leurs politiques et leurs médias. Pour la Russie, Internet est aujourd'hui un important vecteur de propagande et elle utilise sur Internet les méthodes mises au point, dans les années 1930, par le chef de la propagande nazie, Joseph Goebbels, pour la radio et les journaux. Comme il l'a dit un jour : « Racontez un message assez gros puis répétez-le encore et encore, les gens finiront par le croire. » Une absurdité reste une absurdité tant qu'elle est au singulier. Mais lorsque quelqu'un envoie des centaines et des milliers de posts et de commentaires absurdes sur les écrans des téléphones et des ordinateurs, les gens commencent à croire ce qu'ils voient.

Voilà un de ces scandaleux exemples colportés dans les médias ukrainiens : pour saboter les politiques de réformes des terres du gouvernement, nous avons vu apparaître un nombre incalculable d'histoires absurdes à propos de Chinois aperçus en train de creuser et d'expédier des pleines cargaisons de terre ukrainienne réputée pour sa fertilité. Les organes de presse qui ont l'habitude de propager le style de propagande chauvine et raciste qu'affectionne la Russie répandirent et publièrent ces histoires. Leur objectif était d'instaurer le doute à propos de ces réformes nécessaires pour notre agriculture – lever le moratoire sur la vente des terres agricoles en Ukraine et investir dans des systèmes d'irrigation – qui permettraient de débarrasser le secteur agricole de la fraude et des abus et de booster l'économie ukrainienne. Dans la même veine, d'autres histoires clamaient que Zelensky était un Président prorusse ou contrôlé par des oligarques – tout ce qui pourrait fragiliser la confiance de la population en lui. En répétant ce genre d'immondices encore et encore, certains cherchaient à récolter des dividendes politiques. Ces *fake news* contribuèrent à l'instauration d'un contexte politique oppressant et augmentèrent la déception des Ukrainiens envers leurs institutions.

J'ai très vite fait connaissance avec ce type de « journalisme » après ma prise de fonction en tant qu'attachée de presse du Président Zelensky, pas seulement en voyant le traitement réservé au Président et à la Première dame, mais aussi par celui qui m'a été réservé.

Je vais vous expliquer comment fonctionnent ces campagnes de diffamation avec un exemple dans lequel je me trouvais aux premières loges. En octobre 2019, le Président et la Première dame ont assisté à la cérémonie du couronnement de Naruhito, l'empereur du Japon. Ils ont posté une photo officielle pour célébrer l'événement. Les équipes à la tête des fermes à bots commencèrent immédiatement à chercher un élément qui leur permettrait de critiquer le premier couple, le moindre élément pour donner l'impression de leur manque d'expérience et d'une propension à commettre des erreurs.

Il n'y avait pas grand-chose à exploiter sur cette photo. Ils se sont donc rabattus, en désespoir de cause, sur la robe de cérémonie de la Première dame qui était jaune citron, et ont tenté d'en faire un scandale. Des centaines d'« experts » de l'étiquette japonaise, qui étaient en réalité des blogueurs politiques rémunérés (ils touchent entre 4 000 et 15 000 hryvnias, un peu moins de 150 et un peu plus de 500 euros et parfois plus pour leurs posts), partagèrent des photos sur lesquelles ils affirmèrent que la Première dame d'Ukraine avait enfreint l'étiquette et insulté la cour japonaise et le peuple du Japon en portant une robe de couleur citron. Ils en parlaient comme de quelque chose qui était de notoriété publique que seul le premier couple d'Ukraine ignorait. Leurs posts ont reçu le soutien de centaines, voire de milliers de bots qui ont liké, partagé et commenté. Les posts sur les réseaux sociaux ont gagné en popularité (c'est ainsi que fonctionnent les réseaux sociaux, Facebook dans cet exemple précis). Le sujet est devenu viral et s'est répandu sur Internet, laissant à penser que le premier couple avait commis un impair et, plus grave, donné une mauvaise image de l'Ukraine. Les organes de presse en ligne sous contrôle ont pris le relais avec des articles concis versant dans le sensationnalisme qui touchèrent un large public. Là, des médias soi-disant indépendants voyant que le sujet était devenu viral ont publié des articles expliquant que le premier couple essuyait des critiques. Et c'est ainsi que le sujet est devenu une énorme histoire en Ukraine qui a dominé l'espace informationnel pendant des semaines alors que le jaune est une couleur parfaitement appropriée pour les robes au Japon et qu'il n'y avait eu aucune entorse à l'étiquette.

Pour ma part, j'ai subi de violentes attaques par des fermes à bots pendant les deux années où j'ai occupé les fonctions d'attachée de presse. Toutes sortes d'absurdes *fake news* circulèrent à mon propos, à tel point qu'une autre Iuliia Mendel, que je ne reconnaissais pas, a fait son apparition dans la cybersphère. Cela me hante encore aujourd'hui d'avoir vu ma réputation être autant ternie par la désinformation.

Les attaques commencèrent presque immédiatement après ma nomination au poste d'attachée de presse. À la fin du premier mois, certains bots prétendirent que j'avais utilisé mon premier salaire pour acheter une Mercedes avec mon nom de famille inscrit sur la plaque minéralogique. Le mensonge est devenu viral et le cabinet du Président a dû publier un démenti. Mais, entre-temps, des centaines de ces articles de « presse » avaient été publiés. Autre exemple notable pendant le dernier sommet Format Normandie, à Paris, en avril 2021 où, à cause d'une blessure à la main, j'ai accroché mes lunettes sur le devant de ma veste. Les experts en étiquette se sont déchaînés contre cette soi-disant entorse sur les réseaux. Les autres membres du service de communication m'ont dit, en plaisantant, que personne ne se souciait du sommet Normandie à Paris ; on ne parlait que de moi et de mes lunettes dans le pays. Il y a eu des centaines de mèmes sur le sujet et la plus importante chaîne de télévision (appartenant à Kolomoïsky) y a consacré un reportage. Exactement la séquence que je vous ai décrite : bots, soi-disant experts, faux médias, presse à scandale, médias ayant pignon sur rue…

Au cours des deux années où j'ai exercé la fonction d'attachée de presse, j'ai été la cible des fermes à bots dirigées par un parti ukrainien de l'opposition, qui se sont évertuées à me faire passer pour quelqu'un de stupide et dénuée de professionnalisme. Une autre, dirigée par des Russes, me traitait de laideron, à longueur de posts, et essayait de détruire ma réputation.

Les médias prorusses et russes prétendaient, eux aussi, que j'étais laide et que je ne savais ni me comporter ni m'habiller. Un jour, j'ai posté une photo sur laquelle on me voit en train de serrer la main des Présidents ukrainien et polonais, en tant que membre de la délégation. J'étais la seule femme. Ma tenue vestimentaire étant inattaquable, leurs critiques se sont donc concentrées sur ma coiffure et m'ont accusée d'avoir un « nid » sur la tête, insinuant par là que ma coiffure n'était pas appropriée.

Parce que j'étais une femme, mon apparence est devenue une information dans la blogosphère et dans les salons de discussion en ligne, grâce aux efforts des bots diaboliques. (Il est intéressant de voir que mon successeur au poste d'attaché de presse de Zelensky, un homme, n'a pas eu droit à ce genre d'attentions débiles.) Il ne faisait aucun doute qu'avec ces attaques, les Russes visaient la présidence en essayant de discréditer tous les membres de l'équipe de Zelensky. J'ai essayé de rester sereine pendant ces deux années, mais tout ce harcèlement fut particulièrement difficile à supporter.

Plusieurs milliers de comptes et de groupes sur les réseaux sociaux, contrôlés par des consultants politiques, diffusaient des opinions prorusses. Ces comptes étaient probablement gérés depuis la Russie. Des groupes idéologiques pro-ukrainiens faisaient la même chose mais bien sûr, avec une autre ligne politique. Leurs outils ont créé une autre réalité sur Internet. Ils influençaient même les personnes les plus éduquées avec leur raisonnement pseudo-analytique. Ils déformaient les faits et alimentaient la désinformation. Ces outils avaient plusieurs objectifs : primo, fragiliser toutes les initiatives qui pourraient renforcer le gouvernement ; secundo, fragiliser les politiciens en s'attaquant à leur popularité ; et tertio, créer un sentiment de désespoir dans l'esprit des gens, augmenter leur frustration et leur envie de croire à n'importe quelle idéologie colportée par des promesses certes belles mais vides.

Les Ukrainiens ont vu la puissance de la propagande russe, en 2014, pendant la révolution de la Dignité. La Russie a fabriqué des tonnes d'histoires invérifiables dans lesquelles elle accusait les Ukrainiens de commettre des violences et décrivait des soi-disant conflits internes à l'intérieur du pays. Un des mensonges les plus éhontés concernait un accident survenu en juillet 2014, lorsqu'un avion de ligne assurant la liaison Amsterdam-Kuala Lumpur fut abattu par un missile Buk de fabrication russe pendant qu'il survolait l'est de l'Ukraine. Une équipe d'enquêteurs internationaux déclara, par la suite, que le missile avait été transporté au Donbass depuis le territoire russe et avait été tiré par des séparatistes soutenus par les Russes. Les 283 passagers et 15 membres d'équipage à bord de l'avion périrent, mais cela n'empêcha pas les Russes d'inventer des histoires dans lesquelles elle accusait l'Ukraine d'avoir abattu l'avion en dépeignant les Ukrainiens comme des assassins cruels et en prenant la défense des mercenaires.

Ce même mois, le 12 juillet 2014, au milieu d'un effort concerté russe de raconter au monde que l'Ukraine regorgeait de tueurs et de terroristes sans foi ni loi, une autre *fake news* anti-ukrainienne a pris de l'ampleur. Russia-1 diffusa un reportage intitulé « Une réfugiée de Sloviansk raconte comment le jeune fils et la femme d'un milicien furent exécutés devant ses yeux ». Le reportage prétendait que des soldats ukrainiens avaient crucifié en public un garçon de trois ans à Sloviansk, une cité de plus de 100 000 habitants et une des premières villes attaquées par la Russie pendant la guerre au Donbass. La source de ce récit absurde était une femme, une soi-disant habitante de Sloviansk, Halyna Pyshnyak.

« Ils ont rassemblé des femmes sur la place parce qu'il n'y avait plus aucun homme. Des femmes, des adolescentes, des personnes âgées. C'était une parodie de procès. Ils ont attrapé un garçon de trois ans, un petit garçon en short et en T-shirt, et, comme Jésus, l'ont cloué à un tableau d'affichage », racontait une femme blonde face caméra. C'est là le niveau de détail, notamment les habits que portait l'enfant, que le public a trouvé le plus convaincant.

Mais en vérité, personne n'a jamais vu l'événement décrit. Des journalistes d'opposition russes qui avaient été autorisés à se rendre au Donbass à l'époque ont enquêté mais ne sont jamais parvenus à vérifier cette histoire. Des journalistes de la BBC ont fait remarquer qu'il n'existe aucune place portant ce nom dans la partie de Sloviansk où la « crucifixion » était supposée avoir eu lieu. La femme blonde était la femme d'un individu qui avait rejoint les forces russes. Elle déménagea par la suite en Russie, et dans une autre vidéo diffusée sur une chaîne de télévision d'opposition russe, elle se plaignait d'y subir des insultes parce que les habitants du coin ne l'aimaient pas.

Moscou inventa une histoire similaire qui enfla en avril 2021 : les médias russes ont publié beaucoup d'articles à propos d'un drone ukrainien qui avait tué un garçon de cinq ans dans le village d'Oleksandrivske, dans une zone occupée par les Russes, dans la région de Donetsk. Les journalistes qui enquêtèrent sur l'accident confirmèrent qu'un enfant avait, en effet, été tué à Oleksandrivske mais par une explosion dans le garage d'un habitant du village. Un nouvel élément qui arriva trop tard. L'histoire tournait en boucle depuis plusieurs jours sur les chaînes pour montrer aux habitants des territoires occupés et de Russie un exemple de la cruauté et des horreurs commises par les soldats ukrainiens qui, soi-disant, envoyaient des drones tuer de jeunes enfants. À cette époque déjà, en avril 2021, un an avant l'invasion de l'Ukraine par la Russie, la machine de propagande russe relayait des affirmations absurdes pour générer de la haine envers l'Ukraine. Rétrospectivement, il ne fait aucun doute que, bien avant sa récente invasion, le Kremlin préparait déjà ses plateformes à la guerre.

Dans une interview donnée à *TheDigitalBrief.com*, un journal en ligne, Edward Tufte, professeur émérite en informatique, en sciences politiques et en statistiques à l'université de Yale, a fait un commentaire qui a été beaucoup repris depuis : « Il n'y a que deux secteurs d'activité qui utilisent le terme "utilisateurs" pour désigner leurs clients, la première est, bien sûr, les technologies de l'information, l'autre est la vente illégale de stupéfiants. » En 2018, dans une étude, des chercheurs du MIT ont montré que les posts contenant des *fake news* se diffusaient six fois plus vite sur Twitter que la vérité. Il semble que ce soit également le cas sur les autres réseaux sociaux.

Le système mis en place sur Internet pour propager le discours du Kremlin fonctionna tout aussi bien, sinon mieux, que celui mis en place à la télévision. Presque tous les mois, les services spéciaux ukrainiens découvrent des groupes modérés depuis la Russie. En mars 2021, le Service de Sécurité d'Ukraine (SBU) a mis fin aux activités d'une ferme à bots comptant plus de 18 000 comptes qui était gérée par des modérateurs installés en Russie et de plusieurs groupes politiques prorusses opérant depuis l'Ukraine. Les opérateurs des fermes à bots enregistrent leurs comptes en utilisant des services de mail russes interdits. En octobre 2020, avant les élections municipales en

Ukraine, les assaillants commencèrent à propager leurs messages toxiques en créant des faux sondages et en augmentant artificiellement le nombre de retweets et de réponses sur les comptes personnels de leaders d'opinion et d'autres qui partageaient leurs points de vue. Les paiements pour les services des fermes à bots étaient effectués par l'intermédiaire de portefeuilles électroniques russes interdits, garantissant l'anonymat des clients qui payaient pour diffuser ces messages sur les réseaux sociaux. Le coût variait en fonction de la complexité de la technicité des demandes et les caractéristiques du public ciblé.

Un peu plus tard, en mai 2021, les spécialistes en cybersécurité du SBU fermèrent à Chernihiv, dans le nord de l'Ukraine, une autre ferme à bots, qui elle cherchait à discréditer les autorités ukrainiennes et lançait des appels à la révolte. Les bots prétendaient également que plusieurs réseaux de transport ukrainiens avaient été minés, ce qui fit naître un sentiment d'inquiétude et même de panique. Des bots russes utilisaient des plateformes de messagerie pour menacer des gens.

En mars 2022, alors que la guerre faisait rage en Ukraine, les communautés hongroises vivant en Ukraine commencèrent à recevoir des textos, contenant des menaces, supposés émaner d'Ukrainiens. Les bots étaient gérés par un habitant de Kyiv dont le groupe comprenait une vingtaine d'individus qui avaient été chargés de missions bien précises. Il avait été engagé par des entrepreneurs russes. Selon le SBU, le groupe avait reçu pour instruction de placer des « encarts » d'information destinés à inciter à la haine ethnique dans un envoi de SMS en masse contenant des menaces aux habitants d'un quartier de l'oblast de Transcarpatie, dans lequel vivent beaucoup d'habitants d'origine hongroise. Comme on pouvait s'y attendre, cela offrit un prétexte au gouvernement autoritaire hongrois pour justifier son soutien à la Russie dans le conflit de 2022 contre l'Ukraine, et à son Premier ministre pro-Poutine, Viktor Orbán, qui avait été confortablement réélu pour un quatrième mandat, du jamais-vu jusque-là, en avril 2022. Malgré son appartenance à l'OTAN, la Hongrie refusa d'envisager des sanctions sur l'énergie russe, prétendant devoir prendre en compte en priorité les besoins de sa population, et a interdit le passage d'armes à destination de l'Ukraine sur son territoire.

Quand on y repense, les bots et les trolls russes tournaient à plein régime pendant les mois précédant ce matin terrifiant du 24 février 2022, pour une raison : ils préparaient la population russe – et le monde – à leur génocide en Ukraine. Avec ce mensonge éhonté qu'ils répétaient *ad nauseam* : les Ukrainiens étaient des nazis.

En inventant le mythe des groupes nazis en Ukraine, Poutine essayait de justifier une invasion militaire du pays. Pendant des années, sa propagande a abreuvé de mensonges les populations au sujet de nazis ukrainiens qui violent, détroussent et assassinent des gens au Donbass et à propos de la menace qu'ils faisaient planer sur la Crimée. La propagande faisait circuler des histoires à propos des drogues que ces soi-disant nazis utilisent au combat, à propos de laboratoires biologiques secrets financés par les pays de l'OTAN et plus précisément par les États-Unis pour fabriquer des virus dangereux, et même à propos d'oiseaux entraînés par les Ukrainiens pour répandre ces virus sur la Russie. Les médias russes inventèrent un nombre d'histoires absurdes pour prouver au citoyen russe lambda qui ne pouvait pas avoir facilement accès aux informations sur le gouvernement ukrainien démocratiquement élu, que des nazis étaient au pouvoir dans ce pays. Il s'agissait, bien sûr, d'une fiction invraisemblable. L'Ukraine avait démocratiquement élu un Président russophone avec des racines juives dont plusieurs membres de sa famille avaient été assassinés par les véritables nazis. Il n'y avait rien qui ressemblait à du nazisme au sein du gouvernement ukrainien. Mais cela n'empêcha pas l'exigence absurde des négociateurs russes qui demandèrent la « dénazification » de l'Ukraine pendant les pourparlers, exactement le même discours que celui propagé par les bots et les trolls. Ils en étaient venus, eux aussi, semblait-il, à croire leurs propres mensonges.

CHAPITRE 12

Le combat de nos vies

La vie l'emportera sur la mort et la lumière l'emportera sur les ténèbres.

—VOLODYMYR ZELENSKY,
DISCOURS DEVANT LE PARLEMENT EUROPÉEN,
1ER MARS 2022

Au moment où je rédige ces lignes, l'atroce guerre génocidaire dans laquelle s'est lancée la Russie contre l'Ukraine et sa population fait encore rage.

Ma mère m'a appelée le premier jour de l'invasion. Elle m'a dit qu'elle continuerait de se rendre à l'hôpital dans lequel elle travaille en tant que pédiatre. J'ai émis des doutes quant à sa décision de continuer d'effectuer ses gardes à son hôpital. « Je dois y aller », m'a-t-elle répondu. « Il y a des enfants là-bas. Il faut que quelqu'un prenne soin d'eux. »

À ce moment-là, je pensais qu'elle serait à l'abri dans son hôpital. Mais j'avais tort. Les Russes n'ont pas hésité à bombarder des hôpitaux et des écoles dans tout le pays. Le bombardement d'une maternité, à Marioupol, le 9 mars 2022, a très vite révélé, aux yeux du monde, toute la dépravation criminelle de l'armée russe. Ce bombardement a fait 3 morts et 17 blessés.

« Quel genre de pays est la Fédération de Russie qui a peur des hôpitaux et des maternités et qui les détruit ? Abritaient-ils des petits Banderivtsi[24] [nationalistes ukrainiens d'extrême droite] ? Ces femmes enceintes pointaient-elles des armes sur [la ville russe de] Rostov ? Est-ce que quelqu'un dans cette maternité avait maltraité des russophones ? » demanda Zelensky sur un ton caustique dans une vidéo. Ses sarcasmes faisaient écho à la justification ridicule du gouvernement russe qui prétendait avoir lancé une opération spéciale de « dénazification » en Ukraine. Zelensky continua de diffuser une vidéo chaque jour pour entretenir le moral de la population ukrainienne et l'informer de l'évolution du conflit.

Pour le moment, l'hôpital de ma mère n'a pas été touché. Mais elle doit se terrer avec les nouveau-nés et les bébés abandonnés – oui, une réalité macabre dont on parle très peu – dans sa maternité, dans un abri antiaérien

24. Banderites (NDT).

parce que sa ville russophone subit les attaques de l'envahisseur. Paradoxalement, ce sont les populations russophones que Poutine essaie de « sauver » depuis les trente dernières années dans toutes les républiques de l'ancienne Union soviétique qui ont été le plus durement touchées pendant cette guerre.

Un autre jour, elle m'a écrit qu'il y avait un char d'assaut devant leur fenêtre. « Je ne sais pas de quoi demain sera fait », m'a-t-elle avoué. Et dans un autre message quelques jours plus tard : « Je suis de service aujourd'hui. On entend des tirs au loin. » J'ai le cœur qui saigne chaque fois que je lis ces lignes.

Kherson, la ville dans laquelle j'ai grandi dans le sud du pays, fut la première et la seule grande ville ukrainienne à tomber au cours des premiers jours de combat. Les forces russes encerclaient la ville de 300 000 habitants et ne laissaient personne entrer ni sortir. Les membres de ma famille qui vivent dans cet oblast ne pouvaient pas fuir leurs foyers, mais ils ne pouvaient, bien souvent, pas entrer en contact les uns avec les autres non plus parce que les Russes avaient brouillé les communications cellulaires dans la zone. Les Russes tentèrent également de couper les chaînes de télévision ukrainiennes et de les remplacer par les leurs. La Russie sait très bien que la propagande est un outil d'assujettissement.

Au bout d'une semaine, il devint évident que la ville était au bord de la crise humanitaire. Le maire commença à distribuer des sacs de vivres. Treize camions d'aide humanitaire approchèrent de la ville depuis la partie ukrainienne libre, mais les Russes refusèrent de les laisser entrer. La population était sortie dans les rues pour manifester.

Les envahisseurs allèrent voir le maire pour négocier un compromis : seule l'aide humanitaire russe, acheminée vers la ville par la péninsule de Crimée sous contrôle russe qui est limitrophe de Kherson, serait autorisée. Les Russes ont acheminé plusieurs fois de l'aide humanitaire mais seule une petite minorité des habitants l'a acceptée.

Le Kremlin a même recruté une jeune politicienne de la région pour rassurer la population locale. Elle avait aidé les Russes pendant l'annexion illégale de la Crimée et avait depuis une belle situation en Russie pour services rendus. Il faut vraiment que les consultants politiques du Kremlin soient complètement coupés de la réalité pour ne pas comprendre qu'aux yeux des Ukrainiens, cette femme était une traîtresse, pas une libératrice. Ils ne comprenaient pas que le « russki myr[25] », imposé de façon aussi brutale et cynique dans les anciennes républiques soviétiques, ne pouvait fondamentalement pas espérer être un jour accepté.

En réponse aux actions du Kremlin, Kherson a manifesté. Des habitants furieux ont fait face, sans armes, aux soldats russes armés. Les Russes ont tiré en l'air pour

25. Le monde russe (NDT).

effrayer les manifestants. Ils ont ensuite bombardé des infrastructures civiles – une école, un centre commercial, des habitations. Ils ont assassiné sans remords plusieurs dizaines de citoyens qui avaient rejoint les forces de défense territoriale ukrainiennes[26]. Et malgré ça, les habitants de la ville sont descendus dans les rues, enroulés dans des drapeaux ukrainiens et ont chanté l'hymne ukrainien. Nous étions fiers. J'étais fière. Le monde entier a entendu Kherson chanter. Quelques jours plus tard, les Russes ont arrêté 400 manifestants.

Les Russes prenaient le contrôle de la ville dans laquelle j'ai grandi, de mes souvenirs et mon avenir. J'avais prévu d'y emmener mon fiancé, Pavlo, pour le présenter à mes parents au printemps. À cet instant, je ne savais pas s'ils le rencontreraient ou si je les reverrais un jour.

Mais cette tragédie personnelle n'avait rien de comparable avec les horreurs qui étaient en train d'être perpétrées dans d'autres régions russophones. Le Donbass, Kharkiv et la région de Kiev subissaient de violents assauts. Nous avons appris peu après que la ville de Marioupol dans le sud-est du pays qui avant l'invasion abritait une population de plus de 400 000 habitants, était dans une situation alarmante, encerclée par l'armée russe et assiégée. Beaucoup des bâtiments résidentiels étaient sous les

26. Composée de réservistes et de volontaires ukrainiens (NDT).

bombes. L'eau et l'électricité ont été coupées. Nous avons appris par la presse qu'un enfant de six ans était mort de déshydratation. D'autres articles, par la suite, ont fait état de milliers de morts. Et nous savions, avec une terrible certitude, que le chiffre final serait beaucoup plus élevé.

Tout ça pour quoi ? Les mots de Zelensky montraient tout son écœurement : « Marioupol. Une cité paisible et industrielle qui n'a jamais causé de tort à quiconque. Elle a été coupée du monde. Sous blocus. Et à dessein drainée. À dessein torturée. Délibérément privée de toute communication. Délibérément privée d'accès aux vivres et à l'eau. »

La situation de Marioupol ravivait le sinistre souvenir de 1933, l'année où la famine orchestrée par le gouvernement de Staline, l'Holodomor, fit rage en Ukraine. Mais aujourd'hui, en 2022, les habitants étaient également privés d'eau. Pour survivre, les habitants faisaient fondre la neige et dévissaient leurs radiateurs pour boire l'eau de chauffage. La ville n'avait pas d'électricité. Certains jours, les Russes ont bombardé Marioupol toutes les demi-heures.

Au début de l'attaque, les soldats ukrainiens se battaient dans les rues de la ville mais confrontés à un assaut massif de l'ennemi, accompagnés par beaucoup de civils, dont des enfants, ils se replièrent et trouvèrent refuge dans l'immense aciérie d'Azovstal et ils parvinrent à tenir en respect les envahisseurs pendant plus de quatre-vingts jours. Les forces russes les ont attaqués et bombardés sans relâche. Beaucoup de ces défenseurs perdirent la vie ou furent grièvement blessés, des blessures qui, à cause du manque de médicaments, nécessitèrent des amputations primitives sans anesthésie. Mais ils tinrent bon, invincibles. Le monde entier les regardait, impuissant et tremblant pour leur sort jusqu'à ce que, finalement, ils reçoivent l'ordre de se rendre pour ne pas périr. Les civils qui étaient restés à leurs côtés purent quitter libres le complexe sidérurgique, mais les combattants et les blessés furent faits prisonniers par les autorités russes et déportés dans les territoires occupés où ils seraient retenus en otages. Mais aux yeux du monde, ils étaient des héros qui avaient tenu en échec un nombre considérable de soldats russes, les avaient immobilisés là, les avaient empêchés d'être déployés ailleurs et avaient offert aux Ukrainiens un temps précieux pour se préparer pour la bataille du Donbass.

Dans le reste de la ville, la population avait désespérément besoin de couloirs humanitaires sécurisés. De nombreux habitants, surtout des seniors, des femmes, des enfants et des personnes handicapées avaient besoin d'être évacués. Des vivres devaient être acheminés. Les habitants ne mouraient pas que sous les bombes. Les habitants mouraient à cause du manque de médicaments et de l'absence de soins médicaux pour toutes les victimes de crises cardiaques et de crises d'asthme – en augmentation à cause du stress, surtout chez les personnes âgées. Des habitants mouraient dans les abris antiaériens, des endroits dans lesquels régnaient désormais la peur et la mort. D'autres mouraient chez eux. Des civils et des soldats étaient faits prisonniers et assassinés.

Depuis le premier jour de l'invasion, la Russie a pu envoyer des missiles et des bombes sur les villes dans toute l'Ukraine. Les Russes ont atteint les faubourgs de Kyiv le deuxième jour de l'invasion. C'est à ce moment que Pavlo et moi avons quitté la ville, juste une heure avant que les Russes pénètrent dans la banlieue nord de Kyiv, et fui dans notre voiture en direction de Lviv dans l'ouest du pays.

Les premiers affrontements se déroulèrent dans le quartier résidentiel d'Obolon, au nord de Kyiv. L'avancée russe a été repoussée. Mais la capitale était quasiment encerclée. Les Russes ont violemment bombardé de nombreuses villes et villages dans la région et infligé de terribles souffrances à leurs occupants. Boutcha et Berdyansk furent le théâtre de massacres et de viols ; nous avons perdu le contact avec nos connaissances qui habitaient dans ces villes et nous ignorons encore ce qu'il est advenu d'eux. Des familles ont fui, blotties les unes contre les autres dans leurs voitures ou à pied, espérant échapper à la soif meurtrière des Russes. Les survivants ont expliqué, par la suite, comment ils avaient miraculeusement survécu, assis pendant des heures dans des caves ou des granges ou même cachés sous des baignoires. Mais beaucoup d'autres n'ont pas eu cette chance.

Les Russes semaient la mort et la terreur partout où ils passaient. Le monde regardait, compatissait, faisait parvenir de l'aide humanitaire et commençait à envoyer des armes mais refusait d'en faire plus malgré les suppliques du Président Zelensky et de l'ensemble du corps diplomatique ukrainien qui les imploraient de leur accorder une aide militaire plus importante. Dès les premières heures de l'invasion, l'Ukraine réclama la mise en place d'une zone d'exclusion aérienne. Les avions de l'OTAN contrôleraient les mouvements aériens au-dessus de l'Ukraine et si l'espace aérien ukrainien était violé par des avions russes, L'OTAN devrait réagir – en abattant les envahisseurs. Cela aurait permis de mettre fin aux incessantes attaques aériennes sur des Ukrainiens paisibles. Mais les dirigeants politiques et militaires d'Europe de l'Ouest et des États-Unis craignaient que le moindre affrontement direct entre les forces de l'OTAN et les Russes déclenche la Troisième Guerre mondiale.

Soudain tout le monde avait oublié qu'en 1994, nous avions renoncé à notre arsenal nucléaire – le troisième du monde – en échange de garanties de sécurité des États-Unis, du Royaume-Uni et de la Russie, parmi lesquelles la promesse de respecter l'intégrité de notre territoire. Tous ces pays avaient signé le mémorandum de Budapest. Notre gouvernement pensait que cela nous protégerait. Mais lorsque la Russie a envahi la Crimée et le Donbass, il y a eu une amnésie collective. Du jour au lendemain, notre intégrité territoriale était en lambeaux, tout comme les garanties de sécurité.

En bon hors-la-loi terrifiant qu'il est, Poutine a prévenu qu'il considérerait ce genre d'assistance comme une participation de l'Occident au conflit amé. Pour intimider encore plus l'Occident, il plaça son pays en alerte nucléaire et demanda à son armée de bombarder de façon proactive et ensuite d'occuper Tchernobyl et Zaporijjia, les deux villes dans lesquelles se trouvent les plus grosses centrales nucléaires d'Ukraine, terrorisant toute l'Europe. Le personnel de ces centrales se retrouva pris en otage. Je trouvais que Poutine ressemblait à un terroriste fou avec une grenade dégoupillée. Et l'Occident fit de son mieux pour ne pas le contrarier.

Fermer le ciel au-dessus de l'Ukraine était évidemment quelque chose qui ferait enrager Poutine. Mais Zelensky continua quand même de demander cette mesure et à juste titre : les Russes pulvérisaient nos villes, les réduisaient en gravats. Il demanda encore et encore à l'OTAN de le faire parce qu'il savait que la sauvagerie de Poutine n'avait aucune limite et que des hommes, des femmes et des enfants ukrainiens allaient mourir. Poutine n'en était pas à son coup d'essai. L'Ukraine n'avait rien fait pour provoquer l'annexion de la Crimée en 2014 par Poutine, sa première invasion de notre région orientale du Donbass la même année, ou sa cynique invasion de grande envergure de toute l'Ukraine huit ans plus tard. L'Occident continuait d'essayer de chercher une logique derrière les décisions de Poutine, de prédire son prochain coup et ne voyait jamais qu'il devait s'élever contre ses agissements monstrueux et y mettre fin. Les dictateurs sanguinaires, comme les terroristes et les preneurs d'otages, ne suivent pas un raisonnement ni une logique au moment de prendre une décision.

Zelensky ne pouvait pas accepter la réticence de l'Occident à nous fournir suffisamment d'aide pour garantir une victoire militaire. Il comprenait qu'il fallait utiliser une force dévastatrice face à l'armée de Poutine. Dans presque toutes ses allocutions, il implora l'OTAN de faire plus et chaque fois les alliés occidentaux soulevèrent une objection, de crainte de provoquer Poutine. Je trouve la logique occidentale curieuse. Ils avaient peur de faire plus pour protéger la patrie de Zelensky parce qu'ils ne voulaient pas que leurs pays soient attaqués. Les nations européennes sont si proches les unes des autres, voire interconnectées. La guerre affecterait tout le monde en Europe. Si Poutine prenait le contrôle de l'Ukraine, il n'y avait aucune garantie qu'il ne s'en prendrait pas immédiatement, ou peu de temps après, à la Moldavie voisine, aux pays baltes, à la Pologne, ou, d'ailleurs, à un autre pays. Poutine avait si peu de respect pour l'ordre mondial occidental que peu lui importait qu'un pays soit membre de l'UE ou de l'OTAN. La Pologne en était consciente ; les pays baltes en étaient conscients. Ses folles et apparemment insatiables ambitions impérialistes n'avaient pas de limites et aucun traité ne protègerait les pays à sa porte. En fait, une victoire en Ukraine serait un encouragement à pousser encore plus loin en velléités expansionnistes.

L'Ukraine avait averti l'Occident depuis des années, mais l'Occident ne la croyait pas. Les systèmes politiques qui deviennent trop confortables ignorent souvent les dangers ; l'Histoire l'a montré à maintes et maintes reprises. Là, Zelensky disait au monde que cette menace mettrait en danger beaucoup d'autres pays que le sien. L'Ukraine défendait la démocratie et les valeurs sur lesquelles repose l'ensemble du monde civilisé et elle se battait seule. Pour y répondre, l'Occident a juste pris un air désespéré, préférant une guerre défensive contre la Russie à une contre-offensive décisive.

Le conflit s'intensifiant, Zelensky s'agaçait de plus en plus de l'inaction de l'Occident. Dans son allocution vidéo du 4 mars 2022, Zelensky traita le sommet de l'OTAN de « faible » et « confus », et en réponse à l'explication qu'une zone de restriction aérienne entraînerait une attaque de la Russie, il a déclaré : « C'est de l'autohypnose. De ceux qui sont faibles, qui souffrent d'un sentiment d'insécurité… À quoi avez-vous pensé pendant cette rencontre ?

Tous ceux qui mourront à partir de ce jour mourront également à cause de vous. À cause de votre faiblesse. À cause de votre désunion. »

La voix de Zelensky a toujours porté et elle porta encore plus pendant la guerre. La guerre a clairement tracé une frontière entre le bien et le mal. Il n'y avait aucune nuance de gris. La guerre était là. « Je ne sais pas qui vous pouvez protéger et si vous pouvez protéger les pays de l'OTAN. Vous ne pourrez pas nous acheter avec des litres de carburant en échange de litres de notre sang. Versés pour notre Europe commune. Pour notre liberté commune », déclara Zelensky.

Voyant qu'il serait impossible de convaincre l'OTAN de fermer le ciel, l'Ukraine demanda ensuite au moins des avions de guerre et nous « fermerons le ciel » nous-mêmes. Une fois encore, les États-Unis pensaient que fournir publiquement des avions militaires de l'OTAN à l'Ukraine leur attirerait les foudres de la Russie. Et il y eut encore d'autres frustrations.

Lorsque début mars le secrétaire d'État américain, Antony Blinken, donna le feu vert pour fournir des avions à l'Ukraine, l'Europe de l'Est accueillit la nouvelle avec ravissement. Mais quatre jours plus tard, la décision a été annulée. Les États-Unis, semblait-il, pensaient ne pas pouvoir aller plus loin que ce que leurs partenaires de l'OTAN étaient prêts à accepter. Ils auraient pu fournir les avions *via* un pays n'appartenant pas à l'OTAN ou même une entreprise privée. Mais cela ne fut pas le cas. L'Ukraine attendit avec impatience. Nous devions continuer de faire pression sur tout le monde, même au risque d'offenser les pays occidentaux qui avaient vraiment fait un effort pour rester unis face à la Russie. Plusieurs jours plus tard, il était évident qu'aucun avion ne serait livré dans un avenir proche. Le ciel au-dessus de l'Ukraine demeura ouvert et davantage d'Ukrainiens sont morts.

Je réussissais à me décoller du fil sans fin d'informations rapportant les atrocités et les meurtres russes, mais la couverture média tout autour de nous ne nous permettait pas d'oublier la guerre ne serait-ce que pendant une seconde. Avec Pavlo nous sommes entrés dans un des rares restaurants ouverts à Lviv – la ville à l'ouest de l'Ukraine hébergeait environ 200 000 habitants supplémentaires déplacés par la guerre – et les larmes me sont soudain montées aux yeux. La salle était feutrée, paisible et il y avait une bonne odeur de plats cuisinés. Il y avait des gens qui discutaient doucement des choses de la vie de tous les jours, qui souriaient, qui commandaient des cafés. Le contraste était tellement frappant avec les cris incessants des sirènes à Kyiv, après nos quarante-quatre heures de route dans une interminable file de voitures pour traverser la moitié du pays, après les explosions qui nous avaient réveillés puis tout fait trembler à l'intérieur. Sur les écrans de nos téléphones, nous voyions des vies être détruites dans d'autres grandes villes, nos compatriotes terrorisés en train de fuir et de mourir. Et ici il régnait encore une certaine tranquillité. Le restaurant avait le même menu avec les mêmes designs avec de vieux motifs polonais, les mêmes serveurs souriants.

Cette juxtaposition de réalités différentes est le lot constant de ceux qui vivent les horreurs de la guerre : le contraste austère incessant de la mort et de la vie. Nous savions que nous devions préserver cette vie normale et personne ne doit se voir reprocher de continuer de gérer un restaurant, de continuer d'acheter des plats succulents, de continuer de sourire et de discuter de choses sans conséquence. Mais dans un tel environnement, la guerre, la destruction et la mort devenaient encore plus présentes, plus frappantes et plus atroces. J'étais en train de choisir sur le menu lorsque les lettres de la carte sont devenues floues à cause des larmes qui baignaient mes yeux. Une amie s'y est rendue également avec sa famille après avoir eux aussi fui Kyiv. Sa fille de seize ans a pleuré en entrant dans le restaurant. Ils ont dû partir immédiatement.

Dans une ruelle avenante, loin des grandes artères, une boutique de vêtements chics pour homme était restée ouverte. Sa décoration intérieure était plutôt incongrue avec d'immenses pelotes de fil. Il y avait deux jeunes filles devant le magasin. Elles discutaient de leurs piètres qualités de conductrices qui les obligeaient, chaque fois qu'elles prenaient le volant, à allumer leurs feux de détresse. Une discussion amusante entre deux adolescentes d'une autre époque, plus paisible. Dans mon esprit, la réalité semblait se fragmenter.

Très loin de cette ruelle, dans d'autres parties de notre pays, exactement au même moment, des chars d'assaut roulaient sur des gens ou les écrasaient dans leurs voitures. À Markhalivka, un village au sud-ouest de Kyiv, Igor un grand-père de cinquante-quatre ans, caressait son chat, Marsik. L'artillerie russe avait bombardé son village. Sa maison était détruite. Il ne lui restait plus que le chat et deux petits-enfants. Sa femme, sa fille handicapée de douze ans, sa belle-mère, ses deux fils et une amie de sa femme étaient morts. Là, au-delà de cette ruelle, j'ai tenté de percevoir les lointains sanglots de Marioupol, une ville dans laquelle des gens mouraient de faim, de froid et de soif. Un journaliste de Marioupol m'a écrit : « Nous sommes à bout ! Nous n'avons confiance en personne ! Nous avons besoin d'aide ! »

C'est à ça que toutes les guerres ressemblent, partout et toujours. La ligne étroite entre la vie et la mort, le manque d'informations, la tentative de survivre tout en essayant de conserver une vie normale. Il était impossible de voir la guerre autour de nous et de comprendre l'agression de la Russie et la réticence de l'Occident. Tout le monde était malade d'inquiétude et essayait de trouver une façon de faire quelque chose, n'importe quoi, pour participer à l'effort de guerre.

Pavlo avait tenté de s'engager pendant les premiers jours de la guerre mais il avait d'abord essuyé un refus du service de recrutement de l'armée au motif qu'ils avaient déjà suffisamment de soldats et d'anciens soldats volontaires.

Il aidait donc à coordonner les différents convois d'aide humanitaire qui arrivaient en Ukraine. Je pensais qu'il ne partirait pas au front mais il s'est engagé dans une unité des forces spéciales et s'est retrouvé au cœur de l'action. Il pensait que c'était son devoir. J'étais fière de lui mais j'avais peur pour lui. J'ai pleuré en silence et j'ai parfois prié. Pavlo est important pour tellement de personnes, pas uniquement pour moi. Je me suis forcée à ne penser qu'à notre victoire militaire et à notre avenir radieux ensemble.

Après la première nuit de combat, il m'a écrit : « C'est une expérience difficile et dangereuse mais au front, tous les sens sont augmentés et toutes les choses superflues disparaissent. La voix dans ma tête s'est tue, j'étais très concentré, avec tous mes sens aiguisés. Lorsque le danger fut passé et que mon esprit s'est calmé, je me suis senti bien. Les gars m'ont félicité après le combat. Ils m'ont accepté comme un des leurs. » Et ensuite, il m'a envoyé une photo de sa main gauche avec un anneau sur son annulaire, comme celui qu'il m'avait donné, plus sombre, la version masculine. Nous n'étions pas encore mariés mais c'était la façon de Pavlo de me montrer ce que je signifiais pour lui. Ce fut le moment le plus émouvant de ma vie.

Quant à moi, je continue de faire mon travail de journaliste depuis un appartement qu'on me prête à Lviv. La guerre a continué. Elle a déjà provoqué des destructions monumentales et coûté des dizaines de milliers de vies – des hommes, des femmes et beaucoup, beaucoup d'enfants – et le nombre pourrait être encore beaucoup plus élevé. Ce que les Russes ont fait à Marioupol, à Sumy, à Kharkiv, à Berdyansk, à Boutcha et dans une longue liste d'autres villes a été marqué au fer rouge dans la conscience mondiale. Ces noms continueront à se multiplier, ainsi que les viols, les tortures, les meurtres et les déportations forcées, sans parler du nombre croissant de réfugiés – tant que les Russes n'auront pas été boutés hors d'Ukraine.

Mais dans toute cette douleur, il y a une chose dont je suis certaine : cette guerre, comme le souffle ardent d'un dragon enragé, a brûlé tout ce qui était artificiel et superficiel dans nos vies. À travers une souffrance intense et le sacrifice, elle nous a rappelé notre valeur, elle nous a permis de voir le bien que nous pouvons créer en affichant une unité à toute épreuve, du courage et en nous souciant les uns des autres. Nous avons vu le pouvoir immense que nous sommes capables d'avoir en apprenant à travailler ensemble en tant que peuple et en tant que nation.

Nous faisons face à la plus grande des épreuves et nous sommes déterminés à montrer notre force. Si certains d'entre nous perdent la vie pendant cette guerre, d'autres naîtront avec le même honneur et la volonté de défendre notre terre. Nous sommes toujours au point de départ. Nous autres Ukrainiens, nous ne nous inclinerons jamais – pas devant la Russie, pas devant la terreur ni aucun autre démon. L'esprit de la liberté ne peut pas être annihilé par des siècles d'esclavage ou des décennies de mauvais traitements ni par le meurtre ou le cynisme. J'ai toujours eu foi en l'Ukraine. Et cette foi ne s'éteindra jamais.

REMERCIEMENTS

Ce livre n'aurait jamais vu le jour sans les longues séances de cours d'anglais que mes parents m'ont obligée à suivre le soir après l'école et pour lesquelles ils ont dépensé jusqu'à leur dernier sou – ni sans toute l'attention qu'ils ont accordée à mon éducation. Je les remercie surtout de m'avoir appris à être forte et à être moi-même.

Ce livre n'aurait pas vu le jour sans le Président Volodymyr Zelensky qui, pour la première fois, a mis en place en Ukraine des procédures de recrutement transparentes et ouvertes à tous, y compris dans les plus hautes sphères du pays, et m'a choisie comme attachée de presse. D'aucuns l'ont appelé Charlie Chaplin et Winston Churchill. Mais il n'est ni l'un ni l'autre ; il est Volodymyr Zelensky tel que l'Ukraine, son pays natal, l'a façonné, le dirigeant honnête d'un pays européen moderne.

Un merci du fond du cœur à ma tante qui m'a toujours prodigué tellement d'attentions et d'amour et qui vit en ce moment sous occupation russe et à mon mari, Pavlo Kukhta, pour son soutien inestimable.

Un merci sincère à mes agents, Amy et Peter Bernstein, pour leurs précieux conseils et à un vieil ami et ange invisible, Ernest Schreiber, sans qui ce livre n'aurait jamais vu le jour. Merci également à mes relecteurs, Julia Cheiffetz, éditrice à One Signal, et à Nicholas Ciani, pour leurs brillantes suggestions et leur patience. Ma profonde gratitude à Madeline et Steven Levine qui ont passé quelques nuits blanches pour traduire, avec le plus grand soin, mon manuscrit original et proposé de nombreuses améliorations éditoriales que l'on retrouve dans le manuscrit final.

Et un merci particulier à tous ceux qui comprennent que l'Ukraine n'est pas un pays du passé. Nous sommes l'avenir. Nous avons brisé les chaînes enchantées de l'espace post-soviétique et nous sommes devenus un territoire de liberté. Et aujourd'hui le monde entier le sait – nous sommes le royaume de la lumière et de la loi.

À PROPOS DE L'AUTEURE

Iuliia Mendel est une journalise ukrainienne qui a été, de 2019 à 2021, l'attachée de presse et la porte-parole du Président ukrainien Volodymyr Zelensky. Elle a travaillé pour de nombreux organes de presse, télévisuelle et écrite, parmi lesquels *New York Times*, *Politico Europe*, *The Atlantic Council*, *Vice*, *World Affairs* et *Der Spiegel*. Depuis l'invasion de l'Ukraine par la Russie, Mendel a signé plusieurs articles pour le *Washington Post* et est intervenue à plusieurs reprises sur CNN, MSNBC, Fox News et plusieurs autres chaînes de télévision pour rendre compte de la situation en Ukraine. Elle réside à Kiev, en Ukraine, avec son mari Pavlo Kukhta, et leurs deux chats, Maroussia et Hooligan.

Imprimé en France par CPI
en janvier 2023

Dépôt légal : janvier 2023
N° d'impression : 171092

Talent Éditions est engagé dans le développement durable afin de limiter l'empreinte carbone de la fabrication de ses livres. Soucieux de l'impact environnemental de notre métier, nos ouvrages sont imprimés en France sur du papier certifié issu de plantations gérées de manière éco-responsable. Les livres non commercialisables sont recyclés et réutilisés pour la fabrication d'autres produits cartonnés.